働き方が変わる！
できる教頭・副校長の仕事のワザ97

余郷 和敏

東京都大田区立矢口小学校長／全国公立学校教頭会顧問

教育開発研究所

はじめに

Society 5.0という言葉が話題になっているように、社会には新しい波が押し寄せ急激な変革を余儀なくされています。新しい学習指導要領の完全実施、若手教員や臨時的任用教員の増加、児童・生徒にかかわるさまざまな問題、自然災害など対応しなくてはならないたくさんの課題に向けて、各学校ではさまざまな取り組みをしています。

さまざまな社会情勢の変化やＡＩの高度化により、教員の専門性についても代替手段があるのではないかという疑問を投げかけられるようにもなってきました。インターネット等を活用すれば知識を記憶する必要はなくなるので、学校で覚えるような学習は必要ないという極論もありますし、高学歴化に伴い教員よりも保護者の専門的な知識量が多くなっていることで、学校の必要感が薄まってきていることもその背景にあるのではないかと思います。

しかし、どんなに専門的な知識がある方でも、「授業」として、ある学年の児童・生徒に理解できる言葉で、その学年にふさわしい内容を「適切」に教えることはむずかしいことです。その学年に必要な知識をその学年の児童・生徒が理解できるように言葉を選び、説明の仕方を工夫して、学ばせていくことや気付かせていくことができるのが教員であり、そこにこそ教員の専門性があるのです。一時的な活動ではなく「継続」した学びを構築することに真価があります。ＡＩはその学習の補助としてはたいへん有効な手段とはなりますが、ＡＩそのものが学校教育を代替できるようにはならないでしょう。

そのような「教員の専門性」を発揮させるには「学校運営」が必要になりますが、その学校運営の専門職が「教頭・副校長」です。学校にはさまざまな経験と年齢の教員がいますから、学校運営にあたっては、これまで自分が培ってきた教員としての能力や経験を総動員するとともに、組織としていかに進めていくかをしっかりと考えていかなければなりません。教員としての視点だけではなく、マネジメントをしていくという視点をもって職務遂行をしていかなければならないわけです。

本著は、平成28年度から平成30年度までの3年間（全36回）にわたって『月刊　教職研修』に連載させていただいた、教頭・副校長が学校運営を行っていくうえで必要なコツや考え方をまとめたものです。地域や文化が違えば対応も変わってきます。児童・生徒数が違っても対応が違ってきます。本著に書いてあることが全国津々浦々のどの学校でも実践できるわけではありません。別な視点や考え方をした方がよいこともたくさんあるかと思います。お読みいただいた方が自分の仕事の仕方を振り返り、よりよい職務遂行につながればと思います。

学校で一番忙しいと言われている教頭・副校長の皆さんが、自分の働き方を考え、よりよい働き方に向かう一助となれば幸いです。

目次

2章　学校を動かす・37

1章　校長を支える

情報を収集し、対策を立て、発信する

一つの学校が、1年間の教育活動を行っていくためには、さまざまな立場の教職員が力を合わせていかなくてはなりません。

〝校長が立てた経営方針に基づき、学校運営の要として教頭・副校長が采配をふるい、それに応じてミドルリーダーである主幹・主任層の教員が適正な教育活動を進めるための計画立案と実施に関する進行管理を行い、若手教員がミドルリーダーの指導を受けつつさまざまな実践を通して力をつけていく。さらに、事務員、用務員などの職員が教育活動を支えるためのさまざまな職務を遂行する。そして、子どもたちが笑顔で学習する。〟

このように教育活動がスムーズに展開できている学校が理想的ではありますが、現実には少ないのではないでしょうか。どこかにボトルネックがあり、そこでの停滞が、学校全体の教育活動の支障となっていることがあります。だからこそ、学校運営の要である教頭・副校長は校内の各種情報を収集し、ボトルネック解消のために各種の対応をしていくことが重要になります。

①相手に笑顔で接し、いろいろな声かけをする

一人ひとりの教職員が積極的に自分の職務を遂行しようとしているときは、学校運営はたいへんうまくいっていると言える状況です。それができていないのは、物理的障害や心理的障害があるからです。とくに取り除くのが容易ではないのが、心理的障害です。

▼学校運営の障害は、教職員の「自分が認められていない」という不満感

仕事が中途半端である、簡便な方法に流れようとする、職員同士で協調できていないなど現象として出てきていることの背後には、その教職員の職務に関するモチベーションがあり、その根本としては「自分が認められていない」という不満感が多く見られます。実際にはそれほど認められていないことはないのに、自分の求めているときに求めている対応をしてもらっていないことへの不満が積み重なった結果、モチベーションが下がるということにつながっているわけです。仕事をする社会人としては未熟な状況ではありますが、それを嘆いていても始まりません。

改善のためには、教頭・副校長が率先して笑顔で声かけをしていくことが必要です。困ったことや相談があって職員室にやってきたときに、教頭・副校長がパソコンに向かって黙々

と仕事をしており声もかけづらい雰囲気であったら、その後なかなか相談にやって来ようとしなくなります。切羽詰まってやってきたときには事態はどうしようもない状況になっていた、というのはよく聞く話です。

▼話しやすい雰囲気づくり

そのような状況を未然に防ぐためにも、日常の学校巡回の際に話ができるネタを仕入れておき、相手から声をかけてくるのを待つのではなく、自分からネタに関する話題を振って相手の話しやすい雰囲気をつくり出すことがポイントです。

何もなければそのまま「がんばれ」とエールを送って済みますし、何かあるときにはそこから相談につながります。その際には、むずかしい顔は禁物です。笑顔が相手の心を引き出すポイントになります。具体的に厳しい指導をする際の顔と、相手から情報を引き出す際の顔を使い分けていきましょう。

2 定例で打ち合わせを行うとともに、いつでも相談を受ける

突発的な「実は相談が……」という相談を受ける場合、あまり好ましくない状況になって

いることが多いように思います。教員、事務員、用務員など職種を問わず、定期的に打ち合わせをしたり話を聞いたりすれば、自分では把握しきれなかった学校の状況がつかめます。困った状況になる前に状況を把握しておけば、より適切な対応ができます。

▼教員以外の職員との打ち合わせは、最低週1回

用務員、事務員、栄養士など直接児童・生徒への指導を行わない職員とは最低週1回は打ち合わせをしましょう。そのとき重要なのは、その職員の職務についての話に加えて、雑感でもよいから、学校について気がついたことを情報として提供してもらうことです。雑談のなかから得られた情報が、学校運営に資する情報であることは多々あります。

教員目線ではない見方をしている職員だからこそ気がつくことは、多岐にわたります。いじめなどの児童・生徒の問題行動や不登校、教員の指導力に関すること、施設改善など、さまざまな情報をもらいながら、それを教頭・副校長としての職務に生かしていくことが重要です。

▼教員との打ち合わせは、空き時間を活用

教員との打ち合わせは、授業があるためなかなか定例化がむずかしい面があります。しか

し、空き時間などで職員室にいる機会の多い日は決まっています。そのような日を活用していろいろ声かけをし、分掌した職務についての進行管理を行ったり、学年・学級の現状を報告させたりしながら、必要な相談に乗る機会を積極的につくっていきましょう。

教員一人ひとりは日々の業務に追われて職員室に来てもなかなか話をしていかないということもあるかと思いますが、だからこそ、声かけをして相談に乗ることが大切です。ちょっとした話題から、学級についての問題点が浮かび上がり、その解決についての対策をとることができたということはよくあります。

学校運営をスムーズに行うには、教職員と頻繁に意思疎通を図り、さまざまな情報収集を行うとともに、その情報をもとに次の一手を考えていくよう心がけることが肝要です。

③ 巡回では七つ道具を必携する

校内の教職員から情報収集をすると同時に、自分からも情報発信していくことが重要です。管理職として毅然とした指導を行っていくことはたいへん重要ですが、他の情報をもとに、そのことを根拠として指導することは危険性を秘めています。そんなときに必要になってくるのが、巡回の七つ道具です。

▼情報を発信するための自分なりの「七つ道具」を用意

何を持って出るかは人によって違いますが、私の場合は①デジタルカメラ、②ポケットに入るサイズの大きめの付箋、③ペン（筆記用具）、④小さなメモ帳、⑤ラジオペンチ、⑥小さいセロテープ、⑦携帯電話、でした。

ラジオペンチやセロテープは掲示板に残った画鋲の針を抜いたり、掲示物を補修したりするときに使いますが、それ以外は巡回途中で気がついたことをメモして、その場に貼ったり、その場の写真を撮影したりして後の指導に使うためのものです。「あのときこうだったね」ということを、正確な日時メモや写真を使って指導することは非常に効果があります。

校長の学校経営方針を具体化していくために、自分なりのさまざまな方法を考えていくことが重要でしょう。

校長との連携を深める

学校経営の基本は、明確な学校経営方針に基づいて、全教職員が一丸となって教育活動を行うようにすることです。校長は、年度当初に学校経営方針を立て、それを教職員に周知し、1年間の学校の教育活動を進めます。

しかし、年度当初に示した学校経営方針が、日々の教育活動を進めていくなかで、各教職員の意識のなかから薄れていってしまうことがあります。そのような状況に陥らないようにするためにも、日々個々の教職員への細かい対応をしている教頭・副校長が力を発揮しなくてはなりません。1年間の教育活動を行っていくためには、さまざまな立場の教職員が力を合わせなくてはならないからです。

4 「報・連・相」を確実に実施する

さまざまな研修会では「報告・連絡・相談」が必要と言われ、教員にその重要性を伝える機会も多いと思いますが、管理職間の「報・連・相」が最も重要です。管理職の業務は多岐にわたり、とくに地区の役員などをしている校長は、学校を不在にする機会が多くなります。そうなると、朝の数分しか校長と打ち合わせができない日が続くこともあります。そしてそんなときほど別な対応があり、ゆっくりと打ち合わせをすることもままならないことになります。

▼学校の現状に合った「報・連・相」の習慣づくり

校長は年度初めに出した学校経営方針がそのままでよいとは思っていませんし、どのように改善していけばよいかを考えています。しかし学校にいる時間が短く、自分の目や足で情報を得ることができない日もあるのです。

教頭・副校長として、今、校長が何を考えているのかを知っていることは、日々の学校運営には重要です。伝えるべき内容を、「緊急・重要」「校内の業務」「校外の対応」など3段階に分類し、簡潔に伝えられるようにする習慣をつけておくとよいでしょう。「何かあるたびに五月雨式に校長室に行く」というやり方は即時性がありますが、一つひとつの問題の関連性が見出しにくいため、正しい判断につながらないこともあります。

朝の出勤時間前、給食の時間など、それぞれの学校でふさわしいと思う時間を考えて、いろいろ話をする機会をもちましょう。固定の時間がとれない場合には、職員連絡会終了後や検食時などを活用するのも一つの方法です。時間がとれないときにもメモを校長の机に貼っておくなどして、情報を伝えるのを忘れないようにしましょう。

▼細かなことも、積み重なると重要な情報に

日々の職務遂行については教頭・副校長自身で対応できることが大部分ですから、「あえ

てこんな細かいことまでは報告しなくても」と思う案件もたくさんあります。しかし、「こんな細かいこと」も積み重なることで重要な情報となることも多いのです。

出来事のすべてを詳細に知らせなくとも、「○○先生から△△という報告を受けたので、□□という対応をしました」「○○でこんなけががあったので、養護教諭に□□という指示をしました」など、実際に対応した後の報告でもかまいませんので、情報を伝えておくことが必要です。

▼報告の仕方の範を示す

運営会議、主任会などを定期的に行っている学校では、そのなかで内容を絞り込んで報告することで、幹部職員へ報告の仕方の範を示すことができます。さらに、運営会議で共有すべき情報と、管理職間で共有すべき情報との弁別を意識的に行うこともできます。いろいろな機会を活用することで情報の流れがスムーズになっていきます。

校長は、教頭・副校長からのさまざまな「報・連・相」をもとにして学校経営方針の見直しを行っています。一つひとつの事柄は単純なものでも、積み重なっていくなかで何を改善したらよいのかを考える視点になるのです。教頭・副校長の「報・連・相」が学校づくりにつながっています。

5 ＴｏＤｏを文字化する

教頭・副校長の日々の仕事はいくら処理をしても積み重なっていき、「いつの間にこんなにやらなければならないことが増えたのだろう」と思うことがあります。自分の仕事を明確にして優先順位をつけるためにも、「ＴｏＤｏを文字化して、リストとして管理すること」をお勧めします。

▼仕事を意識化し、校長と共有化するためのＴｏＤｏリスト

リストを打ち込む作業自体が仕事を増やすことになっている、という考えもありますが、ＴｏＤｏをリスト化することの目的は、仕事を意識化し、校長と共有化するということにあります。

最近では、校内での文書共有システム（校務処理システム）が一般化してきていますから、ＴｏＤｏ用のエクセルファイルを作成して、「経営課題」「提出文書」「施設対応」「職員対応」「児童対応」などに仕分けして記入し、校長と共有できるところに保存していけば、いちいち印刷しなくてもＴｏＤｏが共有できます。うまく機能すれば、「報・連・相」の一つとしても使えます。

また、校長も、教頭・副校長に今、何が進んでいて何が滞っているのかを言葉で確認しなくても、一覧で見ることができますから、「報・連・相」の際に効率的に進めることができます。

▼「学校づくり」に生かす視点を見出す

自分の仕事を整理して把握することは、そのなかから重要な課題を見つけたり、いくつかの事柄を関連させたりして「学校づくり」に生かす視点を見出すことにつながります。

学校づくりを行うということは、学校の経営方針の具現化のために、基本的なルーティンを確実に進めていくことと、問題解決の積み重ねをしていくことです。どちらを進めるにしても、場当たり的に目の前にあるものをこなしていくだけでは十分とは言えません。いつまでに、何を、どのようにすることが大切かを考え、計画的に進めていくことが求められます。そのためにこそＴｏＤｏリストを活用したいものです。

6 積極的に提案をしていく

学校現場の現状を細部まで把握し、今の課題とその解決策を具体的に思い浮かべる機会が多いのが教頭・副校長です。校長は、校長としての視点で学校の今を考えていますが、考える際に教頭・副校長の報告や提案は貴重なものとなります。現状を総合的に把握したうえでの、何がボトルネックになっているかの報告や、今は実施していないけれども新しい取り組みが可能だという状況など、教頭・副校長から提供される情報は次の一手を考えるうえで重要です。

▼「具申」を含んだ報告をする

報告をする際には、「○○でした」という状況報告ではなく、「○○の様子が見られるので△△をすると効果的だと思います」「○○が△△となっているので、□□については期限を前倒しした方がいいように思います」など、具申を含んだ報告があると、校長はそれをもとにして自分の考えと比較しながら検討することができます。

実際に具申したことが取り入れられないこともたくさんあるでしょうが、それを気にするのではなく、現状がうまくいっているのならば「うまくいっている」という報告をし、問題点があるならば問題点の所在とその解決策を提案していくことが、よりよい学校づくりにつながっていきます。

▼腹案をもって臨む

気をつけなければならないのは、場当たり的なその場の問題点の解決の提案に終始しないことです。提案する際には、「これがよい」という提案だけではなく、二の矢、三の矢となる腹案をもって臨むことです。

その場の解決策としては妥当でも、長期的に見ればもっと別な方法がよいこともあります。1年間の学校全体の流れや、次年度までも見据えた視点で検討・提案していくことが必要です。

校長と教職員の間をつなぐ

年度当初、校長より出される学校経営方針（学校経営計画）は、具体的ですぐに実行できる行動指針として出されるものもありますが、理念的な方向性を示したものが出されることもよくあります。各教員は4月に学校経営方針を聞いた後、その内容を理解し学級経営案等に落とし込み、学級経営・学年経営・専科経営に生かそうとします。しかし、目の前の課題に追われ、その解決に四苦八苦しているうちに、経営方針の具体化という視点が欠けてくることがあります。

目の前の課題の解決に向けた指導は後追いになりがちで、その場の問題の解決には直結しますが学校経営方針を具現化する方向に向いていないこともあります。

7 指示・助言は具体的に行う

▼具体的な「行動指針」「行動目標」となる助言

問題点の解決に向けて教員の相談に乗る際には、学校経営方針をどのようにしたら具体化できるのかを考え、問題点の背景にまで言及するような助言をすることが重要です。また、経営方針を具体化するような行動指針や行動目標になる助言が必要です。

「子どもの思いに寄り添った指導を行う」というのが学校経営方針の1項目であれば、若手教員に対してなら「子どもの思いを汲み取った対応をしましょう」ではなく、「毎朝必ず声かけをして、話をしっかり聞きましょう。そのときには否定的な言葉かけは避けて、聞くことに専念しましょう」と伝えた方がわかりやすいですし、中堅教員なら「毎日の声かけを欠かさず行い、内容を記録して、変化を見つけてその理由を明らかにしましょう」と伝えた方がするべきことがわかります。

▼具体的な場面や言葉を通した指導

授業観察を通した指導においても、「発問がぼやけているね」「子どもたちがいい表情をしているね」と伝えるよりも、「○○のときに△△と発問していたけれど、□□と発問したほうが子どもの意見が集約されるよ」「○○と発問したときに、△△さんがじっと黒板の文字を見ていたよ」などと具体的な場面や言葉を通した指導をする方が、すぐ次の指導につながります。

ぼやけた指示や助言は感覚的にはわかっても、具体的な指導の改善にはなかなかつながりません。できる限り具体的な指示や助言となるように心がける習慣が必要です。

8 不平不満を業務改善につなげる

多種多様な業務、保護者対応に追われ、教員は常に多忙感をもって仕事をしています。学習指導で忙しいのならば「本務だから仕方ない」と思えますが、雑務で忙しければ忙しいほど、不平不満が溜まってきます。しかし、雑務をこなしていかなければ学校の業務は滞る一方ですから、どのように雑務を進めさせるかが大きな課題の一つです。

▼不平不満の背景・原因を把握する

不平不満を声高に話す教員、心に思っていてもあまり表に出さない教員、自分とつながりのある教員には過激だがそうでない場合にはおとなしい教員など、タイプによっていろいろな違いがあります。声高に不平不満を言う教員は、職員室の雰囲気を壊しますからきちんと指導すべきですが、不平不満を表に出さない教員にも注意が必要です。

不必要な雑務ではなくても、業務がその教員の意に沿うかどうかで不平不満につながります。与えられた業務は分掌の範囲ですから、不平不満があるということは業務遂行の効率が落ちているか、適正に業務を行っていないことの表れです。

頭ごなしに「○○ができていない」と指摘しても、不満を増やすだけでなかなか改善にはつながりません。じっくりとどんなことを不満に思っているのかを聞き出すことが重要です。分掌業務がその教員の適性に合っていない、やり方がわからない、同じ時期に至急の業務が重なったなど、問題の本質が会話のなかから見つかることもあります。そのときこそ、業務改善の最適な機会です。

▼担当替え、改善策の提案等でやりがいをもたせる

個人の嗜好による不平不満は言下に却下すべきですが、適性に合っていない場合は業務遂

行に支障を来しますので、校長に担当替えを具申することも含めた対応が必要となります。また、無駄な作業が多いことがわかった場合には、その教員にどのように改善したらよいのか提案させるのもよいでしょう。前の記録がないので反省に基づいた企画提案ができないという場合には、学校全体をあげて「記録の集積と確実な継承」という業務改善を行うよい機会となります。

やりがいがもて、仕事の成果が実感できれば不平不満は減ってきます。自分の能力を生かす場を与えられたことを嬉しくも感じられます。そのような行動の積み重ねが、校長と教職員の良好な関係をつくっていきます。

「○○はいつも不満ばかり言う」と考えずに、よい業務改善の機会をもらったと前向きに捉えて行動する習慣が重要でしょう。

校長をめざす

学校経営と学校運営には大きな違いがあります。校長と教頭・副校長は管理職として学校経営に携わっていきますが、その職務の大きな違いは、校長は学校経営の要であり、教頭・

副校長は学校運営の要であるということです。

法的には、教頭と副校長はその職責に違いがあり、校長が「校務をつかさどる」のに対して、副校長は「校長を助け、命を受けて校務をつかさどる」のであり、教頭は「校長・副校長を助け、校務を整理する」ということになります。つまり副校長は、「校長の命を受けて」という条件はつきますが「副校長という職の権限で決済などができる」が、教頭は「整理する」ということになるのです。

だからこそ、教頭であるならば特に校務をつかさどるためにどのように判断し、どのように「校長としての命」を示すのかを日頃から考えておくことが必要です。

9 二の矢、三の矢を想定する

▼問題発生時の対応は、状況に応じた「最善」の策

校内で問題が発生したときには、管理職はその対応に追われます。けがや事故、苦情対応、その他想定外の事態になったときには、最善の筋道で解決に向けての対応を考えていかなければなりませんが、その時点で最善の策と思われることでも、さまざまな事情からその策が取りにくいということもあります。

事故が起こったときには、校長はその事故の詳細な内容の確認のために、教頭・副校長に情報収集を指示します。報告を待つ間に、事故の概要から、どのような対応が必要かを幾通りも想定します。そして詳細な報告を聞いたときに、想定した対応のなかから最善と思われる対応を指示します。

そのとき指示する対応は、状況判断により想起したときの「最善」ではなく、「次善」や「次々善」ということもあります。時間をかけて検討した「最善」よりも、即時性のある「次善」の方が必要なことはよくあることです。

▼自分が校長なら、どんな情報が必要か、どんな対応をするかを考える

教頭・副校長は情報収集の指示を受けたときに、主幹教諭や主任、養護教諭、事務員、用務員などさまざまな職種の職員に情報収集の指示を出して、刻々と入ってくる報告を待つことになります。

ここで大切なのは、教頭・副校長として「どのような対応が必要か」を考えると同時に、「自分が校長なら、どんな情報が必要か、どんな対応をするか」を考えることを習慣とすることです。そのときには、一つの対応策だけではなく、二の矢、三の矢となる複数の対応策を思い描きます。

そして報告するときも、たくさんの情報を並列的に並べるのではなく、重要度・優先度に応じ、対応策に必要な情報として関連づけて報告できるよう、情報を整理する習慣も重要になります。

10 自分の考えに基づく具申を考えておく

校内に何も問題のない時期は、自分の仕事を進めるよい機会です。日頃からたまっている文書処理などを効率的に進めて、今後の仕事が円滑に進められるようにしていきたいものです。

仕事を先に進めておけば、何か問題が発生したときにもゆとりをもって対応できます。同時に、自身の学校経営に関する感覚を養うよい時期でもあります。問題がない時期だからこそ、よく見ていくと学校経営上の課題が浮かび上がってくるものです。

▼「さらに改善していくためにはどうしたらよいか」を常に考える

教育課程のこと、教職員のこと、分掌組織のこと、施設のこと、児童・生徒のこと、保護者のこと、地域のことなど、見つめ直してみると「もっとこうなったらよいのに」と思うことはたくさんあるはずです。今がうまくいっているからよいのではなく、さらに改善していくためにはどうしたらよいかという課題意識を常にもっている必要があります。

現状に満足している校長は多くはありません。日頃から「こうしたい」「こうなったらよい」と学校改善のための方針を考えています。そこで考えている方針は、短期的にすぐに実施するために機会を見ているものと、中長期的な改善のために「いつ、どの時期にどのように示していくのか」のタイミングを図っているものとがあります。

教頭・副校長として自身の仕事を進めていくときにも、単に効率的に仕事を進めるのではなく、この仕事の結果が何に反映するのか、この仕事を置き換えるとしたらどんな方策があるのか、いま目の前にある仕事ではなく他にすることはないのか、などを考えていく習慣を身につけておきましょう。

▼理想もふまえ、学校の実情に合った具申の準備をする

そして、形にならないいろいろなアイデアや、少し具体化したアイデアなどをたくさんストックしていくようにするとよいでしょう。

ある程度、形になってきたら、校長へ具申する準備も必要です。校長から指示を受けてから考えるのではなく、指示を受けたときには、「こんなことを考えていましたが、いかがで

しょうか」とすぐに具申できるとすばらしいと思います。

学校経営に関する策を練るときには、「理想としてはこうしたい」と考えられることでも、「現実的には無理が生じる」ということもあります。その学校に応じた策をもって、学校の実情に合った具申をすることが必要ですが、理想的な姿をもっていないと場当たり的な具申になってしまいます。「本当ならばAでありたいのですが、現状から考えるとBではいかがでしょうか」と提案できるようになるとよいと思います。

11 情報収集の道筋をつくっておく

▼緊急時に備えた平時からのシミュレーション

さまざまな対応を行っていくためには、的確な情報収集が欠かせません。学校運営においては、収集した情報の質が問われてきます。「～らしい」「～のようだ」ではなく、「～だ」と言えること、求めたい事項にきちんとつながっている情報が必要です。日頃から主幹教諭や主任、学校職員と連携し、質のよい情報が流れてくるネットワークを構築していくことが大切です。

そのためには、平時からのシミュレーションが欠かせません。誰にどのような指示をしたら、どんな経過をたどるのかを確かめておきましょう。緊急時の備えとして、日常的に情報収集の道筋を確認し、適正な情報を得るためには、誰にどんな指示をしたらよいのかを確認する習慣が重要です。正確な情報をすばやく得るための流れをつくっていけるとよいでしょう。そして、そのようなネットワークの構築を通して人間関係を構築し、よりよい学校運営につなげていきたいものです。

2章　学校を動かす

校内でのチームづくり

学校運営は校長の経営方針のもと、全教職員が一丸となって進めていくことで進行していきます。全教職員が同じ方向を向いて、教育方針の実現に向けて最大限の努力をしていくことができれば、すばらしい教育が実施できるでしょう。

しかし実際には、さまざまな年齢層と多様な経験と資質・能力の違いのある教職員の集団ですから、校長の教育方針の理解にも差が見られ、求める達成度にも違いがあります。ですから、組織的に運営を行うためのチームづくりは欠かせません。

12 教育課程を管理するチームをつくる

学校運営を行うために、多くの校務は必要な役割として分掌されています。全員で同じことをするのではなく、細かく分担した方が効率がよいからです。すべての分掌は、何らかの形で教育課程を適正に行うためにチームとして組まれていて、その進行管理を行うのが管理職です。

▼適正な教育課程の実施のための「チーム」づくり

それぞれの学校の経営方針を具現化するということは、適正に教育課程を実施するということです。そのためのチームとして「学年（単学級の場合は学年団）」が中心となります。学年主任を中心にした「チーム」が、授業内容の計画と実施、実施時数の管理、教材や教具の準備と整備などを行い、教務主任を中心とした教務部がその統括をするというのが一般的でしょう。

また、児童・生徒の生活面の指導は「学年（単学級の場合は学年団）」を中心として生活指導（生徒指導）部が統括することになります。

▼改善を目標とした「チーム」づくり

ここで大切なことは、前例踏襲を前提とした活動をするのではなく、何が改善できるかを考えることを目標とした「チーム」をつくることです。

小・中学校の学校運営では、一人の教員が「毎年同じ学年と同じ分掌を担当する」ということは非常にまれです。常に組織は流動的であり、分掌の構成メンバーも毎年のように替わっていきます。毎年新たな担当になるわけですから、前年度の記録をもとにして今年度も同じことをしようとすることになります。この点が一般企業のあり方と学校組織のあり方との大きな違いです。部署の構成員が少しずつ入れ替わっていくような企業の組織ならばPDCAのサイクルも回しやすいですが、構成員がすべて入れ替わる学年もあるような学校組織では、PDCAと言いつつも、そのサイクルが形式的になりがちであり、前例踏襲を是としがちなのです。

▼次年度の業務改善につながる評価・反省を

年度末までに「チーム」で分担した業務について評価・反省をし、次年度に向けた改善を盛り込んだ計画を立案してその年度の業務を終えるというPDCAサイクルで分掌業務を進めていくのが通常でしょうが、次年度計画には「今年度反省に基づいて変えたこと」を色替えしたりアンダーラインを引いたりして明記しておくことが重要です。

次年度、新たにその分掌業務を任された教員が、昨年度にどんなことが改善されたかをすぐに把握でき、その年度の業務遂行に役立てることができる利点があります。企業と違って学校現場はほとんど同じような業務遂行をしていますし、他分掌でもその進行状況を肌で感じているというメリットがあるのです。

チームとしてのPDCAサイクルを進めていくなかで情報発信を増やしていけば、次の年度の業務改善につながることが多くなるでしょう。

13 補助員等を活用する

学校には正規教員だけではなく、教育業務に関わる補助員などが増えてきています。文部科学省も「チーム学校」と銘打って、教員だけではなく多くの人の力を借りて教育活動を進めていくことを求めています。

しかし、正規教員ではありませんから、できる仕事の範囲は限られていますので、何をどのように任せ力を借りるのかを考えておかなければなりません。

▼何が依頼できるのか、何を依頼しているのかを把握する

対応する教員によっては補助員に丸投げをしてしまうこともありますから、どのような業務を依頼しているのかを管理職として確認していく必要があります。

「教員が子どもと向き合う時間を確保する」ためには、教員でなければできない業務ではないものを外部委託していくことは必要です。そのために、補助員等と協力していくことも重要です。

まだまだ、教育現場では諸外国と比べて教員以外の人材は少ないのが現状です。地区の校長会や教頭・副校長から教育委員会に強く要望をしていくことも必要な状況です。そのため

にも、どんなことが教員ではなくても補助員等を活用すればできるのかを考えていき、少しでも業務改善につながるように働きかけをしていきたいものです。

⑭ 予算の適正な執行を確認するチームをつくる

教育課程の適正な進行管理は、予算の適正な執行にかかっていると言っても過言ではありません。何をするにしても、予算の裏づけなしには進めることができませんし、どんなによい計画を立てても「予算」にその項目がなければ実行に移せません。

▼事務職員と連携する「チーム」をつくる

学校予算の責任者は校長ですが、学校事務職員と綿密な連携を取りその執行状況を伝えていくのは教頭・副校長の役割となります。番頭役としての醍醐味を味わうこともできます。

一般の教員は、自分の分掌以外の予算の執行状況については無頓着なところがあります。用紙代のような一般事務費については、「使えばなくなる」という当たり前のことが意識されず、「事務職員に頼めば何とかなる」と思っているところも見られます。そのような教員に対して、教育課程の進行管理は授業をすることばかりではなく、授業で必要なことすべてを考えることであり、「今」だけではなく「今後」についても考えていくことを理解させることが重要となります。

予算計画を立てる段階で活躍した予算会議をその場限りのものとしないで、事務職員とともに予算について年間を通して確認していく「チーム」も必要になります。事務職員からの月例報告を学年主任会で確認していくなどの方策でもよいでしょう。必要なものにはしっかりとお金をかけていく、不要なものは削減するというコスト意識を高める効果も生まれてくるでしょう。

教職員同士の関係を活性化させる

15 毅然とした態度で接する

教職員間の人間関係が良好であると、意思疎通も良好で、各分掌などの進行もスムーズにいきます。逆に険悪な人間関係が一部にでもあると、学校全体の教育活動がスムーズにいかなくなることもあります。教職員一人ひとり生育歴が違い、それぞれの個性や考え方があり、職種や立場が違うわけですから、すべての教職員が同じ考えに立ち、同じ方向を向いて職務を遂行するということは考えられません。そのため、教頭・副校長として、どのように教職員と関わり、学校運営をしていくのかが問われてきます。

▼状況に対して最適な選択を明確に行う

当たり前のことですが、学校は教育活動を行う場であって、仲良し集団をつくるところではありません。職務遂行に支障が生じる場面では、学校運営の方針にのっとって、毅然とした態度で接することが必要です。個々の教職員の事情を考慮して対応していては、朝令暮改の対応となってしまうこともあります。

それぞれの教職員には病気、介護、養育など考慮すべき事情は多々あるでしょうが、「この職務を遂行させるためには○○でなくてはならない」ということを常に明確に述べていくことが必要です。さらに、何通りかの対応が考えられる際、その状況に対して最適な対応方法を選択したとき、その後の対応でも同じようにすることが重要です。

▼一人ひとりに違う役割を果たさせる

対応の際には、一人ひとりがするべき役割を明確にし、それぞれに違う役割を果たさせることを習慣としておくとよいでしょう。一人ひとりが自分の役割を果たしていくことで、きちんとした職務遂行ができるということの意識づけにもなります。

あることを改善するためにお互いに補ったという実感は、今後の改善に向けた第一歩となります。

16 少人数での協議の場を設ける

集団が活性化しない要因の一つに、「主張の強い教職員の意見が常に採用される」「担当が違うから意見が言いにくい」などがあります。とくにやっかいなのが、「これはこういうものだ」「こうするのが当然だ」「以前からこうだった」「こうでなければならない」など、さも当然のように主張する教職員の言動です。

▼改善のためのよりよい方法を模索する

これまでのやり方が常によいものというわけではありませんが、強く主張されると他の教職員はなかなか声を出しにくいということがあります。このことは、さまざまな考え方を検討し、よりよい方法を考えていくことへの大きな障害となるのです。

ここで必要なのは、改善のためによりよい方法を模索していこうとする姿勢です。多角的な視点での検討が必要だという意識を教職員にもたせることです。そのためには、協議する際に少人数の分科会を短時間でも設定し、そこで出た意見を全体の場で検討するというシステムを構築するとよいでしょう。このような経験を通して、改善のための意見を言うことの重要性を認識させ、みんなで学校のためにやっていくことが重要だということを考える機会とするのです。

▼分掌の責任者への進行状況の確認と検討の指示

さらに、全体の場では管理職が同席し、総合的に判断するというシステムが構築できれば、主張の強い教職員の意見に左右されることもなくなり、学校経営に参画するという教職員の意識を高めることができます。

そのためには、分掌の責任者にそれぞれの分掌の職務進行状況を確認し、検討の方法を繰り返し指示する教頭・副校長としての習慣が重要になります。責任者の職務遂行能力を伸ばすためには、任せられるならば任せておきたいところではありますが、そのことによる学校組織の停滞は避けなくてはなりません。

⑰みんなの前で褒め、指導は個別で行う

職員同士の関係を活性化させるためには、教頭・副校長の教職員への日常からの声かけが重要です。一人ひとりの職務遂行能力が伸びなければ学校の教育活動はよりよくなりませんし、そこを職場とする教職員の人間関係も改善されません。よりよい教育活動を行い児童・生徒を伸ばしていくために、全部の教職員が自分の力を伸ばし、努力していこうとすることが最も大切です。

誰しも褒められるのは嬉しいことですが、みんなの前で指導されることは好みません。自分の話は聞いてほしいと思っていますが、おざなりに聞かれていては話そうとする意欲がなくなってしまいます。何かを改善しようと提案しても、頭ごなしに否定されては次の提案をしようとする意欲がなくなります。

▼情報や見聞をもとに、積極的に褒める

教頭・副校長がすべての教職員の話を聞き、よいところを見つけて褒めるということは、時間的に無理があります。しかし、できる限り教職員と関わっていくことは必要であり、そのための方策が日常の声かけなのです。

さまざまな組織や職層から寄せられた情報や自分で見聞きしたことをもとに、褒めること・指導すべきことを整理し、学校の活性化に役立つと思うことは積極的にみんなの前で褒めるようにするとよいでしょう。

また、個人を褒めるだけで終わらせず、同じ視点で別の教職員のことも褒めるようにすると、「仕事をしてよかった」「提案してよかった」と思わせるとともに、「○○先生だけではなく自分のことも見てくれていたのだ」と感じさせることもできます。

採用されなかった具申や実現には至らなかった提案についても、「○○のようなところがいいので、実現に向けてみんなでもう少し考えていこう」などと伝えることも必要です。

▼教職員自身に改善策を考えさせる

指導する際には個別で指導する必要がありますが、頭ごなしに不適切なことを指摘してもうまくいかないことが多いです。指導すべきことですから厳しくすべきではありますが、指導後に自分自身で改善点をあげさせることも必要です。

とくに経験の少ない若手教員は、なぜそれが不十分なのかを理解していないこともありますから、教職員自身に改善策を考えさせることは、学校組織の活性化にもつながります。

褒める・指導するも学校運営の視点に立って、効果的に行えるようにしていきましょう。

教職員から問題点を引き出す

校長の学校経営方針に基づいて学校運営を進めていくなかで、多くの問題点に直面することがあります。経営方針で示されたことを実現していくのに、現在のスタッフの力では十分ではないこともありますし、児童・生徒の実態から短期的な対応はむずかしく中長期的な見通しからの対応が必要なこともあります。直面する問題点はさまざまです。

いずれにしても、学校づくりを進めるうえでは何かしらの対応をしながら、教頭・副校長として学校運営をしなければなりません。そのためには、さまざまな職種の教職員から、さまざまな情報を得ることが必要です。

18 教員の状況を把握する

「報・連・相」が大切であるということは、誰しも理解しています。しかし「報・連・相」が確実に実施されているかというと、実際にはそうでもない場合があります。「毎日が忙しい」「目の前の仕事に追われてしまって」「児童・生徒への対応があって」「保護者からの問い合わせが続いていて」などさまざまな理由で、本来すぐに伝えられるべき情報が後回しになってしまうのです。

また、困っていることがあっても、自分で何とかしようとして、すぐには相談に来ないこともあります。逆に、「その案件は自分で解決することであって、裁可を仰ぐべき案件ではないだろう」「報告の内容が順を追い詳細すぎて、何が問題なのかわかりにくい」と思えることもあります。

大切なことは、管理職が知っているべき情報が入ってこなかったり、本質的な情報が少なく判断できなくなったりしないように対策を立てておくことです。

▼授業から教員の現状を知る

教員の現状を知る最大の方法は、授業を見ることです。授業には、その教員の現状が如実に表れます。先の見通しをもって授業の計画ができている教員の授業は、安定感がありま す。発問や板書に無駄が少なく、児童・生徒の実態把握もよくできています。

そのような教員は、1年間の学校の動きをつかんで行動をしていますから、授業や分掌の進め方について話をすると、中長期的な面で滞りが生じそうなポイントに関する情報が得られます。

発問や板書がぶれ、児童・生徒の掌握に苦慮している教員は、目の前のことで精一杯なことが多いので、日常の様子について話をすると何が重なって忙しい現状を生み出しているのかがわかり、短期的な対応のポイントが見えます。

指導力がないのに分掌業務にも追われ、授業の準備もままならないのならば、時期的な面、内容的な面、分担の仕方などについて検討、修正していくことでボトルネックが解消され、スムーズな学校運営につながることもあります。一人が仕事を抱えているがそれが進まず、結果として多くの教員が困る状況も、組織としての問題点なのです。

▼授業参観で得た情報をもとに改善を図る

小学校は同じ学級担任として横並びの意識があり、他の学級のことへの口出しをはばかる傾向にあります。中学・高校では教科専科として他の教科のことに関わりにくい面がありま す。関わりが少ないと、本来は問題点となることも隠れてしまいます。

教頭・副校長として短時間でもよいので積極的に授業を参観し、そこで得た情報をもとに個々の教員と話をし、問題点を見出す力が必要です。問題解決のために組織の改編が必要と判断するならば、積極的な校長への具申も必要です。

19 教員以外の職員から情報を引き出す

学校という組織は教員の力だけで動いているわけではありません。事務、用務、給食など授業以外の部分を担当する職員から問題点を引き出すことも必要です。

教員以外の職員は「学校は勉強する場所であり、その専門職として教員がいる」という意識をもっているので、児童・生徒の指導についての「報・連・相」はあまりありません。しかし、仕事をしながら、児童・生徒の状況はよく把握しており、教員には見せない姿もよく知っています。また、教員の仕事ぶりについても管理職の気がつかない多くの情報をもっています。

▼日常の業務報告や声かけの機会を活用する

職員からこのような情報を引き出すには、日常の業務報告と一緒にその日に気づいたことを話してもらうようにしたり、教頭・副校長から積極的に声かけをしたりすることが重要です。

トイレや校舎裏の荒れからいじめや非行行為の発見につながったり、教室内の教員の児童・生徒への接し方から学級崩壊や体罰・暴言等の人権侵害の予兆をつかんだりすることもできます。特定の学級の事務用品の使用量の増加や、不適切なゴミ処理の仕方についての事務・用務からの情報により、学級崩壊の予兆をつかみ即時対応したという例もあります。

▼情報提供への感謝を伝え、改善の具体例を示す

「自分は教育の専門職ではない」という意識をもっている職員が多いので、日常の情報交換の場において、学校は教員だけでは成り立たないということとともに、情報提供への感謝を伝えることが大切です。そして、「このように改善できた」と具体例で示すことで有用感を高めることも重要です。

教頭・副校長自らも、多くの職種の協働性が学校組織を成り立たせているという意識をもち、学校づくりに関わっていくようにしましょう。

20 組織を活用する

「チーム学校」という言葉で表されるように、学校が一つの組織となり多くの職種が協働していくことはとても重要です。しかし、「チーム学校」を成立させその有用性を高めるためには、学校全体を一つの組織として捉えるのではなく、多くの小さい組織の集積が重要で

あるという意識をもつことも必要です。

一人だと独善的な考え方に陥ってしまうことも、複数で考えればより客観的な判断ができます。自分では考えつかない新たな発想が生まれることもあります。学校の問題点に関しても同様で、一人では気づかなかったことも複数の視点から考えるとその問題点や解決策が浮かび上がってくることがよくあります。

▼小さい組織で議論させる

管理職が認識する問題の解決には、その解決策を管理職が示すことが最も手っ取り早い方法です。しかし常にトップダウンでは、教職員は考えることをしなくなり、言われたことをするだけになります。これからの学校づくりには、積極的に参画しようとする教職員が求められ、そのための資質・能力を育成していく必要があります。

今の学校の状況を自分事として考え、よりよい方向をめざそうとする力をつけるためにも、積極的に小さい組織で議論させるように仕向けることも重要です。「○○先生。□□についてもっとよくするためにはどうしたらよいか、△△部で話し合って提案して」など、小集団での話し合いの機会をつくり考えさせるように働きかけることも、教頭・副校長としての大切な役目です。

安全管理を徹底する

安全管理と一言で言っても、施設における安全管理、食物アレルギーにかかわる安全管理、校外学習等の実施にかかわる安全管理、校内での児童・生徒の行動に伴う安全管理など、多種多様な状況があり、それぞれの状況に応じた安全管理が必要になります。

21 さまざまな状況を想定する

児童・生徒の安全に対する意識は近年低下傾向にあり、対応力も低下してきています。「そんなことをしたらけがをするだろう」と思うことを行い、指導すると「そうは思わなかった」と平然と答えます。「なぜこんなところでこんなけがをするのか」と思うこともよくあります。特別な支援を要する児童・生徒の場合には、突拍子もない場面でけがをしたりけがをさせたりすることもあります。

教頭・副校長がさまざまな場面を想定して「○○の可能性がある」と教職員へ啓発していくことが重要です。

▼施設の安全管理は「先の状況」を予見して対応

教頭・副校長が毎朝の校舎内巡回で行う施設の状況確認は、安全確認という視点で実施している面も多いでしょう。施設自体の損壊状況だけではなく、廊下や教室内の物品の配置状況、掲示板や壁からの突起物など、児童・生徒のけがや事故につながりかねないことについては敏感に見ているはずです。

その際には、「もし○○だったら」と考えながら先の状況を予見して対応を考えたり、指導のポイントを見つけ出したりしていくことが大切です。

▼食物アレルギーへの対応は「慣れ」による気持ちのゆるみに注意

近年は、食物アレルギーへの対応がしっかりと行われるようになってきました。細かいところにまで配慮した対応により、アナフィラキシーショックによる事故はほとんど聞かれなくなりました。しかし、慣れによる事故の可能性はなくなりません。

「手順どおりやっていた」という言葉が言い訳にならないように、常に真剣に取り組む必要があります。折に触れて職員への啓発を行うとともに、給食配膳の時間の巡回により、気持ちのゆるみを確認していく必要があります。

▼校外学習等は「最悪の状況」を想定しながら実施計画立案に関わる

遠足や宿泊活動など学校から離れたところでの活動では、実地踏査の報告を聞きながら実施計画についての検討を行わせることが重要です。「○○の場合にはどうするのか」「△△のような状況になったら」など最悪の状況を想定しながら、実施計画の立案そのものに関わりましょう。

実施学年に任せっぱなしで、実施計画が固まってから指導・助言をしても、なかなか安全面にまで配慮された計画にならないこともあります。前例を踏襲した計画であればあるほど、十分な安全管理が行われないことがあります。

㉒ 複数による確認を徹底し、チェックリストを整備する

どの学校でも月に1回以上、校内の安全点検を行っているでしょう。結果を点検簿にまとめ、施設の安全確認に遺漏がないように備えているはずです。

しかし、定期的になればなるほど点検の目に慣れが生じます。問題が生じたときに、「点検をしていたのですが、見落としていました」では済まされませんが、一人で同じところを同じように点検すれば、見落としが生じても仕方ないと言わざるを得ません。

▼複数の視点で、声を出して確認する

重要なことは、複数の視点で点検を行うということです。一人では見落としがちなことも、複数で同じところを見ると、気になるところが出てくるものです。また、一人では疑問に思う程度でも、複数で声に出して「ここは○○かな」と確認することで、改めて問題のある箇所に意識を向けることができます。

また、同じところを同じ人が1年間担当するのではなく、月ごとに場所を決めてさまざまなところを順に点検していく方法も、マンネリ化を防ぎ、新たな視点で安全管理を行っていくために有効です。

▼必要十分なチェックリストをつくる

大丈夫なことを確認するためにも、しっかりとしたチェックリストをつくって、「問題ない」ということを明確にすることにも意義があります。チェックリストをつくる際には担当任せにするのではなく、一緒につくっていくという意識で対応することが重要です。

大雑把なリストや、細かすぎて点検する気が起きないリストでは困ります。必要十分なリストになるように関わっていきましょう。

▼「石橋をたたいて渡る」意識を全教職員が共有する

施設の安全管理だけではなく、各種学習活動や日常の学校生活でも、複数による点検体制を構築することが重要です。実施計画についても、担当→主任→主幹教諭→教頭・副校長→校長の順に目を通し、確認していくようにしましょう。

作成した実施計画を、「時間がないから先に決済してください」などと教頭・副校長に申し出てくる教職員は、組織人として論外です。そのような申し出があった際は、指導する絶好の機会です。安全管理は「石橋をたたいて渡る」意識で取り組んでいかなくてはならないことを徹底的に伝え、複数の視点から十分に検討していくことの必要性を伝えるようにしましょう。

23 最後は自分で確認する

どれほどしっかりと点検しても、完璧に進めることはできません。しかし、安全管理をしっかりするという意識をもって、複数の目で点検し管理していくことで、大きな危機を避け、小さなミスを起こさないようにすることができます。

▼「自分の目で」「よく考え」「確実に」をモットーに

施設の安全点検を、教職員の集団に全面的に任せてしまうという教頭・副校長はいないと思います。日常の点検で教職員が気がつかなかった点は、最終的には教頭・副校長が自分の目で点検することが必要です。指摘された点はその場所だけではなく他の箇所にもあり、しかしそこでは指摘されず見過ごされていた、ということもあるからです。教頭・副校長は、施設管理の責任者として、学校全体を見渡して、安全管理を行っていくという意識をもち続けることが重要です。

また、実施計画や児童・生徒指導に関することは、すぐに結論を出さず、一日寝かせてみることも必要です。そのときには「これで大丈夫」と思っても、一晩経ったときに新たなポイントが生まれ、見直しをする必要が出てくることがあります。

安全管理をするということは、確実性を担保しながら行うことが重要です。即座に結論を出すことを優先せず、「自分の目で」「よく考え」「確実に」をモットーに進めていきましょう。「急がば回れ」ということが重要になることも多々あります。

長期休業中の配慮

長期休業のなかで最も期間の長い夏季休業は、各種の教員研修、宿泊活動、夏季水泳指導、夏季補習、個人面談、部活動など学期中では十分時間が確保できない活動が目白押しです。地域によって休業の期間が違い、その地域ならではの進め方があります。

しかしながら、児童・生徒の学習指導に関わらない期間でもあるので、この期間を有効に活用して、これまでの指導の振り返りや次学期につながる計画を準備する必要があります。個々の教員に長期休業中の業務内容の実施をすべて任せるのではなく、教頭・副校長として積極的に関わっていく必要があります。

24 自己研鑽の機会として位置づける

▼研修会への積極的な参加を促す

長期休業中は、学期中に比べて長い時間が確保できるため、教育委員会主催の各種の研修会が開催されます。年次研修や指定研修など参加が義務づけられている研修も多数ありますが、希望参加の研修会も多くあります。

新たに研修会に参加することに二の足を踏む教員もいますが、ゆっくりと時間がとれる時期なので、自分の教育の幅を広げるために興味のある研修会には積極的に参加するように声かけをしていくことが必要です。とくに教職経験の浅い教員には「普段はこんなことを考える機会は少ないから、ぜひ聞いておいで」と参加を促すことで、2学期からの指導に役立つ経験をさせることもできます。

▼A4・1枚で研修報告をする学校文化をつくる

研修会へ参加した後でその事後報告をする機会を設定することは、学校づくりにおいて重要なポイントです。特定の研修に参加した場合だけではなく、どの研修会に参加した場合でも研修の内容を1枚にまとめて全教員に配ることが一連の流れになっていれば、「研修会に参加することで仕事が増える」という負担感は減ります。

そこで必要なことは、長期休業中の研修会だけではなく、年間を通じて研修報告をするという学校文化をつくっていくことです。教頭・副校長として学校づくりにかかわる大切なところです。A4何ページにもわたる報告を求めるのではなく、1ページ程度にまとめたもので報告に代えさせるだけでも、受動的な研修から能動的な研修に変わっていきます。それこそが自己研鑽の機会であると考えられるように働きかけていきましょう。

▼通知表の評価をもとに、改善への意識づけを図る

授業の反省や記録の整理、教材研究、次学期の指導計画の改善なども、時間をかけられる長期休業中だからこそ行えます。通知表を作成して評価が終わりなのではなく、そこで得られた情報をもとに改善していくことが重要だと意識づける必要があります。

通知表の評価や所見などには管理職として目を通しているはずです。そこで気になった記述をもとにして「○○先生、△△の評価にCが多かったようだけど、その原因は分析しましたか。何か対応を考えましたか」と声かけをしたり、「○○さんの所見に□□と書かれていたけど、2学期はどのように指導していこうと思っていますか」と投げかけたりするなど、自分が手に入れた情報を有効に活用していきましょう。

25 家庭との連携を図る

長期休業中は、学期中と違って児童・生徒やその家庭との連絡が少なくなります。部活動などで連絡を密にしている場合もありますが、すべての児童・生徒とその家庭というわけに

はいきません。

▼配慮を要する児童・生徒の家庭への連絡を学校全体で

長期休業中は児童・生徒を家庭に帰す期間であるという考えもありますが、とくに登校しぶりや不登校などの場合には、連絡が少なくなることによってより学校に来にくくなるという状況になることもあります。そのような家庭は、口には出さないけれども連絡をもらえることにより、学校とのつながりを感じている場合も少なくありません。

長期に連絡を取らない時期だからこそ、配慮を要する児童・生徒やその家庭には機会を見つけて「あなたのことを見ていますよ」というメッセージを発することが重要です。

登校日や面談日を設定している場合にはその前後に、そうでない場合には日直の日に連絡をするなど一定のルールをつくって、学校全体で取り組んでいくことが必要です。A先生のときには連絡があったが、B先生になったら連絡をもらえなくなった、というような事態は避けたいものです。

▼家庭・保護者への連絡は、教員の個人情報の管理に注意

小学校では、「暑中見舞いのはがきを書こう」という活動をすることがあります。その際

に注意することは、子どもたちには教員の個人宅の住所ではなく、学校の住所に送るように指示することです。若手の教員のなかには、安易に自宅の住所を送付先としてしまうことがありますが、学習の一環ですので「職場の住所に送付」が基本であることを確認する必要があります。

自宅の住所や電話番号を書いてしまったため、２学期以降、保護者から相談の手紙や電話が来るようになり、自宅で安心して過ごせないようになったという事例もあります。夏季休業中の保護者への電話連絡についても、学校の電話を使用し、一元的に行うように指導することも必要です。

26 週休日の振替や年休の取得を確実に管理する

学期中は忙しく満足に年次有給休暇が使えない教員が大部分です。指導している児童・生徒がいますから、特段の事情がなければ年休を取得することがないのが教員の世界です。だからこそ、児童・生徒の指導に関わらない長期休業中には、必要な年休を取得し、自身の健康の保持・増進につなげるという意識をもたせることも必要です。

▼週休日の振替を確実に行う

最近では、授業時数確保のために土曜日に授業を行い、その週休日の振替を長期休業中に行う自治体が増えています。服務管理上も週休日の指定変更などをしっかり行って、取得できなかったということのないようにしなければなりません。

自治体によっては、長期休業日に1週間の閉庁日を設け、そこで一斉に取得できるようにするなどの工夫をしている場合もあります。

▼組織として計画的な年休等の取得を促す

学校は一つの組織体であり外に向けて開かれていますから、個々の教員がそれぞれの都合で年休等を取得しては組織としての運営ができなくなることがあります。体を休めたり多様な経験をしたりして見聞を広めるのも重要なことですから、組織としての運営が滞らないのが重要だと理解させて、計画的に取得させることが重要です。

いつ、どのように年休や週休の変更日を取得するかをしっかりと管理し、適切な時期に確実に取得することができるように進行管理していきましょう。年休の取得は労働者の権利ではありますが、自分も組織として運営していくために必要な一員であり、そのために多くの配慮をする必要があることを意識づけるよい機会ともなります。

次年度の計画を立てる

2学期も半ばを過ぎれば、次年度の計画を立てる時期となります。この頃になると、所管の教育委員会から次年度の方向性や、計画の概要に関する情報が続々と届いてきます。詳細な情報がわかるのは少し後なので、情報が確定してから学校の計画を立てた方が、後で変更や調整をすることが少なくてよいと考えることもできますが、学校づくりの視点からは、早め早めの計画立案をお勧めします。

時期や実施方法の調整は後でもできますが、次年度の方向性を早めに固めておくことで、ギリギリになって焦ることがなくなり、計画をよりよく推進できます。

27 実施時期を考える

行事には、卒業式や入学式、各種集団宿泊行事など、教育委員会から実施時期を指定されるものと、学芸会や校外学習、学校公開、個人面談など、学校の状況で実施時期を決めるものとがあります。学校で実施時期を決めるものは、おおむね今年度の実施時期を踏襲することが多いと思いますが、教育委員会の指定による行事との整合性を考え、実施時期に無理があるときには調整するのが通例でしょう。

▼複数の視点で縦横から吟味する

ここで大切なことは、今年度の踏襲でよいのかをしっかりと吟味することです。この時期でなければならない必然性があるのか、教育課程や学習内容との整合性が図れているのかを、管理職の立場からきちんと吟味するのです。

行事単体としての活動はその時期でよくても、他の行事との関わりのなかでは別の時期の方が適切な場合もあります。実施学年に昨年度の反省に基づいた検討を指示しても、その行事を点として見て検討したり、学年の年間スケジュールという線の中の一つとして検討したりしていることがよくあります。

学校という縦横の組み合わせのなかでの検討をしっかりするために、教務主任等にもその趣旨をしっかりと理解させ、検討していく必要があります。複数の視点で検討することで、大きな問題の回避につながります。

▼ゆとりをもった計画にする

最終的には、教育委員会の予定との整合性を図る必要がありますし、急遽次年度から実施する教育委員会の行事が発表されることもありますから、この日以外に動かせないという組み方ではなく、ゆとりをもった計画が必要です。

また、管理職の出張と重なってしまい、その行事が実施できないということのないように、管理職のスケジュールとの整合性を何度も確認することも大切です。

▼教頭・副校長自身が説明できるように

行事の大枠が固まった段階で、校長に予定を具申し裁可を得て、次年度計画の詳細について教務主任と打ち合わせ、確定するようにしましょう。

主任歴が長く、任せておけば大丈夫という教務主任もいますが、最近は若手の教務主任も増えてきています。他分掌での経験も少ない教員が教務主任になることもありますから、「落ちがあって当たり前」という意識で行事計画を立てることが必要です。

適切に計画し、自分でも説明できるようにしておいた方が、後々「教頭（副校長）先生、これはどうなっているのですか」という問い合わせに対する対応で無駄な時間をかけることを減らすことができます。

28 目的をはっきりさせる

当たり前のことですが、何をするにも「ねらい」があり、ねらいの達成や期待する効果を出すことが求められます。しかし、実際に計画を立て実施していくなかで、「これもしたい」「これもできる」と盛り込みがちになることは教員の性かもしれません。今年度の計画を改めて見直して、「本当にこれが必要か」「子どもの実態に合っているのか」「盛り込みすぎではないか」と思えることも散見されるでしょう。

▼行事の本質を意識させ、反省をもとに計画を立てる

次年度の計画を立てることとは、今年度に実施した行事担当者の責務です。「次年度は職員の異動があるから、次年度の教員でしっかりとした計画を立てればいい」という教員もいますが、それは反省を生かした計画を立案することを放棄していることと同義です。反省を生かし、しっかりとした計画を立案する必要性を指導することが肝要です。

そのためには、それぞれの行事の本質が何かをしっかりと意識させることが必要であり、そのねらいの達成のために「変えてはいけないこと」「外してはならないこと」「変更してもよいところ」を考えさせなくてはなりません。

行事が終わった直後には反省をしている学校が多いと思いますが、その反省をもとにして、次年度の計画を立てるように心がけさせましょう。反省は記録を残すためにあるのではなく、よりよい計画立案に生かしてこそ意味があるという意識づけが必要です。

▼計画が完成する前に教頭・副校長が関わっておく

教頭・副校長がすべての行事の計画立案にはじめから関わることが重要なのではありません。検討すべきポイントをしっかりと指摘し、その指摘をもとに反省・計画立案が進み、次年度計画が立てられるように進行管理することが重要なのです。

次年度案ができた段階で担当者に提出させ、赤直しをするという方法もありますが、計画案が完成する前に関わっておく方が、手間も時間もかかりません。「何のためにするのか」「何を期待するのか」をしっかりと押さえ、適切な計画立案をさせることで、人材育成にもつながります。

29 各種の情報提供をする

担当者は次年度計画を立てる際に、校長の方針や次年度の教育委員会の方向性を参考にします。次年度に今の校長がいるだろうかと気にしていては動きがとれなくなります。人事の問題は軽々に話をすることはできませんが、今年の経営方針、今年の教育委員会の方針に沿った計画立案をすることが大前提です。

▼早めの情報提供が、教員のモチベーション維持の秘訣

教頭・副校長は校長に次年度の経営方針の方向性を尋ねたり、教育委員会の方向性を確認したりして、教員に必要な情報提供をすればよいのです。今年と来年で方向性が１８０度違うことはありません。新たな方針が付け加わっても、方針の項目が減っても、その大枠は変わらないものです。

文字化したり、会議で正式に話したりできないときには、細かい打ち合わせのなかで新しい方向性を盛り込んで示唆していくことができます。全職員に共通理解してほしい項目がある場合は、校長に「次年度の計画が始まっているので、今度の会議で、方向性をお伝えいただけませんか」と具申することもできます。

しっかりと計画立案したのに、その根底から覆ってしまったというのでは、教員のモチベーションは上がりません。早め早めの情報提供は、教員がモチベーションを維持するうえでも効果があります。

1年間を総括する

3月は1年間のまとめの月です。学校経営方針を受け、実施してきた学校運営が適切にできていたかどうかを振り返り、次年度に向けての対応を考えていかなくてはなりません。校長を補佐する教頭・副校長として、そのための視点をはっきりさせていくため、四管理に立ち戻って考えていきます。

30 学校教育の管理――教育課程を振り返る

学校教育で一番大切なことは、教育課程が適切に実施できたかということです。授業時数は充足されたか、その学年にふさわしい各教科・領域の内容が確実に実施されたか、教材・教具は適切に使用されその効果が上がったかなど、振り返る視点はたくさんあります。

▼地区・学校が求める教育課程が実施できたかを振り返る

最近ではその地区独自で「○○教育」が重視され、その確実な実施と成果が求められるなど、地区や学校ごとに「何をもって確実に教育課程が実施できたか」の評価が異なってきています。その基本は「教育課程届」です。

3月は、学校評価を通してさまざまな面から教育課程の実施を評価し、それをもとに新年度の教育課程を作成し届け出を済ませる時期です。次年度の教育課程に新たに示された地区の教育委員会の課題を盛り込むことに力を注ぎがちになりますが、今年度の教育課程がその文言どおり実施できたかを振り返っておくことも重要です。

▼評価内容を文書化して次年度につなげる

前年度から継続している内容項目であれば、それが適切に実施できたかどうか、その理由とともに明らかにすることが必要です。今年度から新たに追加したり、変更したりした内容項目であれば、それが適切であったのかや、その理由も明らかにしておく必要があります。

3月は人事異動が絡んできます。異動が明らかになっているか否かにかかわらず、教育課程を振り返ったことについては、きちんと文書にして残しておくことが大切です。個人の頭の中でまとまっていても、それが管理職間で共有されていない限り有効活用できません。まして、教員組織は入れ替わっていくわけですから、新しく来た教員にどの管理職でもその意味を伝えられるようにするために、評価したことを文字化することが有効です。

31 所属職員の管理――成長・成果を評価する

▼初任者・若手教員には成長を伝える

1年間で十分な資質向上が図れた教員もいれば、そうでない教員もいます。初任者や2～3年目の教員は伸びしろが大きいですから、4月と比較してその言動に大きな成長を感じることができるはずです。

日常的な声かけのなかで自信をもたせるための働きかけをしていることと思いますが、年度末に改めて現在までの成長は何か、課題は何かを整理して伝えることは、次年度につながる大きな鍵となります。記録ノートや計画表を参考にしながら、成長が実感できる点について具体的に伝えるとよいでしょう。次年度の学校の活動を牽引する力として、さらにもう一歩成長させるための働きかけを増やしていきましょう。

▼中堅・ベテラン教員には分掌の成果を具体的に評価する

中堅やベテラン教員は伸びしろが見えないことが多いですが、それぞれの分掌の成果を具体的に評価することで、達成感を高めていくことができます。教育課程に掲げている内容にかかわる分掌業務については、その達成度合いを学校評価とは別に具体的な場面で示すことや、分掌内の若手の伸びている様子を伝えることで、中堅やベテラン教員は仕事の達成感をより感じることができます。

自分の関わり方を評価されることは、中核になって仕事を進める役目の教員として嬉しいことだという認識に立って、関わりましょう。

32 学校施設の管理――次年度につなげる点検・改善計画を立てる

▼他校の情報等もふまえ、先を見通した点検計画を

1年間の業務遂行のなかで、施設面の不具合に対応したことは数知れずあることでしょう。自分で直せるものから業者に依頼して直さなければならないものまで、大小さまざまです。しかし、修繕ばかりが学校施設の管理ではありません。とくに問題に感じていないところでも、年月を経るなかで、いつかは修繕しなければならない時期が来ます。年度末だからこそ、そこに気をかけていく必要があります。

地域内には同じ時期に建てられた学校があるはずです。現任校では起きていなくても、他校では問題になっていることがあるかもしれません。さまざまな情報収集をしていくなかで、現任校でも起こり得る問題であると感じた事例はメモをしておき、次年度にその個所の

点検も組み入れるなどの計画をしておくことができます。

▼次年度の修理・修繕・改修に向けた準備

1年間の活動のなかで、新たに設置するなどの改善が必要なものが見つかることがあります。多くの場合にはその場ですぐに対応するか、すぐに対応できなくても次年度の予算に組み入れる準備をするか、手配をしているはずです。

しかし、大掛かりなもののため、教育委員会と協議をしなくてはならないものなどは落ちてしまっていることもありますし、次年度に向けた手配を忘れている場合もあります。

年度末ですので、これまでの記録をもとにしながら、修理・修繕・改修に向けた準備をしておきましょう。

33 学校事務の管理——予算執行を振り返る

年度当初の予算はすでに使い切り、残り1ヵ月をどのように過ごすのかを事務と協議しているのが、通常の3月の様子でしょう。需用費（消耗品費）を除けば、すべて執行済みという状態が望ましい姿であると思います。

▼予算執行を振り返り次年度計画につなげる

ほぼ予算を使い切っている今だからこそ、今年度の予算執行を振り返るよいチャンスです。当初の予算計画どおりに執行できたものは何か、当初の予算計画にはなかったが、必要があって購入したものは何か、予算計画よりも少ない執行で他に残余金を回したものは何かなどを精査し、次年度の予算計画につなげていきましょう。

学校予算は単年度決算ですから、次年度にならないと予算計画は立てられないこともありますが、基本的には児童・生徒数や学級数の変更が大幅にない限りは前年度と同じ金額が配当されます。そう考えると、年度内に予算計画を立てておくことが最も望ましい形だと言えます。

「今年度○○の執行が多かったから、その分を増やして計画しよう」「○○は故障が多かったから買い替えの時期になっている」など、今年度の教育課程を進めていくうえでの過不足をきちんと把握し、次年度の予算計画に生かせるようにすることが大切です。

今年度の簡易決算を年度内に行い、適正な執行に向けた準備をしておけば、年度当初に慌てることなく基本計画の修正のみで済みます。場当たり的な予算執行にならないようにするために、いろいろ工夫していきましょう。

教育委員会との連携を図る

34 部署による違いに対応する

教育委員会といっても、窓口となる部署はいろいろあります。指導課（指導室）、庶務課、総務課、学務課、施設課など地域によって名称はいろいろとありますが、教育課程や教育内容に関すること、教職員に関すること、施設・設備に関すること、予算に関すること、学籍に関すること、学校給食に関することなどがありますし、教育センターや図書館を含むこともあります。

また、学校からの窓口としては、教育委員会の他に首長部局の福祉課や子育て支援課、営繕課、観光課、地域振興課などもあります。

こう考えると、首長部局の各課がその課の範囲内で仕事をしているのに対して、学校は「教育」という点で一つの課でありながら、さまざまな課を横断する課題を抱え、広範囲で横断的な対応が必要になっていることがわかります。

▼各部署が求める真意を把握し、ポイントを絞って対応する

それぞれの部署はそれぞれの範囲の仕事をそれぞれの部署のルールに従って行っています。実際に対応してみると、すんなりと話が通じる部署と、学校側の都合を考慮せず仕事を進めようとする部署、学校側の都合に合わせると言いつつ結果的には丸投げに近い形で対応を求める部署などさまざまです。

それぞれの部署の業務範囲が違うわけですから、対応の仕方や仕事の進め方が違っていて当たり前ですし、それを共通化しようとしても無理があります。「この部署にはこのように対応する」とある程度割り切って対応した方がうまくいくことが多いです。それぞれの部署が求めていることの真意をしっかりと把握し、できるだけポイントを絞って対応するようにするとよいでしょう。

35 困ったことは遠慮なく相談する

学校にはさまざまな報告を要する処理案件が送られてきて、教頭・副校長は日々その処理に追われていると言っても過言ではないでしょう。年度当初などは、報告を要する案件が1日10件を超える日が続くのはよくあることです。

処理に困った際に真っ先に助けを求めるのは、地域の同じ教頭・副校長仲間でしょう。「これはどうしたらよいでしょう」という相談に「○○をすればいいんだよ」と答えてもらえたときは、仕事を進められるという安心感と安堵感があります。

▼教育委員会は事務処理の専門職集団

教育委員会の各部署の職員も、事務処理に関しては頼りになる存在です。「仕事を落としてくるばかりの部署」ではなく、事務処理の専門職の集団なのですから、その特徴を存分に発揮してもらうために、日常から連絡を密にしていくことが重要です。

ある事務処理を進めているときに、「困った、わからない」という状況になったら、「何がわからないのか、何ができないのか」をある程度絞り込んで、教育委員会の担当部署に相談すると、「○○をしてください」「調べて回答します」などの答えが返ってきます。「それは学校ですることですから」とか「書いてあることをよく読んでください」という回答はまずありません。

▼悩む前に相談する

どうしようかと悩む前に相談してしまうのも、一つの問題解決の手段です。そして、このような相談は、「担当部署が発出した事務処理がわかりにくい」「事務処理をする際の参照先が見つかりにくい」「事務処理に無駄が多い」などの情報提供の機会となります。

「文句を言う」のではなく、「相談に乗ってもらう」「やり方やわからない点を教えてもらう」ことを繰り返すことで、事務担当者の反応もよくなりますし、少しずつですが業務改善に向かう面も見られるようになります。

どうしようかと迷って提出期限ぎりぎりになったり、期限を過ぎたりしてしまうと相手の負担も増えますが、期限前の相談はその予防にもなりますから意外と歓迎されるものです。

36 まずは一報を忘れず対応する

一般の方のなかには、「教育委員会は学校を指導する部署で、学校は教育委員会には頭が上がらず、煙たがっている」と考えている方もいます。何かトラブルがあると「教育委員会に言うからな」と脅し文句のように使ってくる方もいます。

しかし、教育委員会は学校側の立場に立って、さまざまな案件の問題解決に当たってくれます。いわば、学校の心強い味方なのです。そのような教育委員会と連携をしていくためには、日常からの情報交換を欠かすことはできません。

▼「とりあえず一報」でトラブルの拡大を未然に防ぐ

教育委員会が一番困るのは、「保護者や地域から苦情が入ったときに、その内容が学校から上がってきていないこと」です。事前情報がないわけですから適切な対応ができませんし、適当な回答では相手方が納得をしなかったり、「教育委員会は何も知らないのか」と怒り出したりすることもあります。

校内での児童・生徒間のトラブル、けが、校外での事故、保護者や地域からの苦情などがあったときには、管理職間で相談をして、「とりあえず教育委員会へ一報」という対応が必要です。詳細な経過報告は後日報告書にして提出するなり、再度の詳細を伝える電話をするなりできますが、「どんなことが起きたのか」「どんな苦情があったのか」「学校はどんな対応をしたのか。する予定なのか」など、今わかることを伝えていくようにすることで、教育委員会側もその後の対応について準備することができるからです。

▼週に1回の連絡が学校運営をスムーズに

指導課（指導室）には複数の指導主事がいますが、学校数と同じだけの指導主事はいません。指導主事は一人で複数校を担当しますので、自校の担当指導主事とはよく連絡をとり、日常からの情報提供を欠かさないことも重要なポイントです。

何か問題が生じたときにも、その背景となる状況が頭に入っているのとそうでないのとでは、対応のスピードが違いますし、初めから全部話さなくても済むとトラブル対応時に管理職が精神面で楽になります。1日1回とは言いませんが、何もなくともご機嫌伺いを兼ねて週に1回は連絡を入れることを習慣にするとよいと思います。

学校の最前線にいる教頭・副校長が教育委員会の最前線にいる指導主事と密な連携を図ることが、学校運営に役立ちます。

外部機関との連携を図る

37 どのような機関と連携するのかを把握する

児童・生徒の問題行動に対応するためには、外部機関との連携が欠かせません。それぞれの問題に応じて連携する外部機関は異なりますが、どのような機関とどのように連携していくのか、関わりは短期的なのか長期的なのか、などを事前に想定しておくことで、スムーズな問題解決に向かいます。事前に準備や想定をすることで紆余曲折が少なくなり、業務の改善につながっていきます。

また、日常の教育活動にかかわることだけではなく、施設開放など学校の施設を活用したものまで含めると、教頭・副校長はそれぞれの対応に日々苦労をしていることと思います。上手に連携することが、教頭・副校長の業務改善につながると言っても過言ではないでしょう。

▼外部機関の立ち位置、対応の仕方はさまざま

教頭・副校長の職を務めていると、好むと好まざるとにかかわらず、必然的に外部との連携・連絡の窓口になります。連携・連絡を取る外部機関は多岐にわたり、その対応の仕方もそれぞれです。

教育委員会や教育事務所、福祉関連部署、教育センター、子ども家庭支援センター、児童相談所、児童発達支援センターや児童発達支援事業所、法務局や人権擁護委員会、医療機関、校医、保健所や保健センター、各種の療育機関、警察署、消防署、裁判所、保健所、保育所や幼稚園・こども園、小学校、中学校、適応指導教室、図書館や博物館、公民館、町会や自治会、民生委員、児童委員、地域団体、スポーツ団体などあげていけばきりがなく、国や都道府県の部署から個々の学校の固有の団体までさまざまなものがあります。

それぞれの機関の立ち位置もさまざまです。一緒に問題解決を図ろうとするところから、情報提供は受けるが傍観者的である姿勢を崩さないところまであります。それぞれがどのような対応をするのかを知るには、経験していくしかないのですが、担当者によっても微妙に対応が違うこともあります。

38 児童・生徒の問題行動への対応で連携する

児童・生徒の問題行動があった場合にすぐに連絡を取る必要があるのは、教育委員会、子ども家庭支援センター、児童相談所、警察署になります。校内の傷害を伴わない問題行動であれば、警察は除かれることがありますが、傷害を伴う問題行動や校外での問題の場合には警察に通報した方が結果的によい場合も多くあります。

▼後の負担を減らすために今できる対応をとる

警察が入ると問題が大きくなり保護者の不信感を招くのではないかと考えて躊躇する気持ちになることもありますが、校長と相談したり校長を通して教育委員会と相談したりして、必要な措置を講じていく必要があります。傷害を伴う場合には、後々、長期の継続案件になったり裁判になったりすることも想定しておく必要があるからです。後々の負担を減らすために、今できる対応をしていくことも考えなければなりません。

39 特別な支援を要する児童・生徒の支援で連携する

外部機関と密接な連携を取る必要があることとして、「特別な支援を要する児童・生徒への対応」があります。

小学校の新入学であれば幼稚園、保育所、こども園、療育機関、福祉関連部署から、中学校の新入学では在籍小学校や療育機関、教育センター、福祉関連部署の情報が必要になりますが、どの程度まで情報提供をしてもらえるかを考えておく必要があります。

▼個人情報の共有・利用は慎重に

在籍校（保育所、幼稚園、こども園、小学校）としてはぜひ伝えたい情報があっても、保護者から情報提供を拒否されてしまっている場合には詳細な情報を受け取ることができず、入学後の対応に苦慮することも多くなります。善意で「保護者の同意は得られていないが指導の参考に」と伝えられたことを、担任が保護者に「前のところでは……」と話題にして関係が悪化してしまい、その対応にたいへんな労力がかかってしまうということもあります。保護者から提供の同意を得ている情報なのかどうかの確認は確実にし、提供された情報の利用についても十分注意していきましょう。

各学校の転入児童・生徒であれば、前在籍校からの情報提供が基本となりますが、教育センターや福祉関連部署や子ども家庭支援センター、児童相談所などの情報が含まれていない場合もあります。自治体を超えての福祉関連の情報提供はなかなかむずかしいことがありますので、前在籍校にしっかりと確認をする必要があります。

高度な個人情報が含まれる情報提供となりますので、得られた情報の管理は適切に行わなければなりません。たとえ本人やその保護者であっても、確認をしない方がよいことも多くあります。

▼適切な状況判断と早めの対応を

得られた情報から特別な支援を要すると判断できる場合には、校内でよく状況を確認し、教育相談などの自治体の部署とつながりをもつことが大切です。とりあえず様子を見ようとして時間が経過し、授業成立に支障が出る状況になったり、他の児童・生徒を巻き込んだ困難状況になったりしないように早め早めの対応をしていくことが、無駄な業務を減らすことになります。

担任に任せきりという学校体制は問題を拡大させるだけですので、学校の全教職員で対応するという体制が必要です。そして、そのような体制づくりが学校の業務改善になっていきます。

40 地域のサポーターと連携する

多くの学校が「地域に根ざした学校」をめざしています。学校のさまざまな教育活動は、地域の力を借りて運営できています。地域にはさまざまな学校サポーターがいて、多くのサポートをしてくれているからです。しかし、このような関係は一方通行ではありません。Ｗｉｎ－Ｗｉｎでなければ、いつかは齟齬が生まれてしまいます。

▼どこまで対応するのか、判断基準を明確に

多くの学校のサポーターは、地域の団体の中心的な役割を担っています。そして地域の団体からは、時に教育活動とは直接関係ないことでも協力依頼があります。施設の使用許可や行事への参加要請など、「○○さんからの依頼だから仕方がないかな」と考えることが多く

あるでしょう。

ここで大切なことは、判断基準をどこに置くかです。Ｗｉｎ－Ｗｉｎの関係を壊したくないからすべてを受け入れるというのでは、業務改善にも負担軽減にもなりません。「〇〇さんの依頼は受けたけれど△△さんの依頼は断った」というのでは、筋を通すことがむずかしくなります。「Aはできるけれど B についてはごめんなさい」という対応もあるでしょう。

「受け入れる」「断る」の判断基準をはっきりとさせて対応するならば、依頼する側も納得します。よりよい関係づくりをするためにも、明確な対応を心がけていきましょう。そのことが、結果として業務改善につながります。

3章　教員を育てる

人材育成

地域によって差はありますが、団塊の世代の定年退職に伴い、学校現場では教職経験年数の少ない教員が増加しています。しかし、中核となって学校を支えていく中堅層は増えてはいないため、学校運営に大きな支障が出ています。学校文化が適切に継承できる体制がとれているならば大きな問題が生じることはないでしょうが、そうでない場合には毎年同じ問題に遭遇することになります。

人材育成というと、若手教員のことがクローズアップされがちですが、どの職層においても必要な人材を育てることは重要です。さらに、「人材育成ができる人材」を育成することも急務になっています。

また、ある程度の経験を積んだベテラン教員は、自分の経験をもとにして仕事をしようとしますから、学校の経営方針や実情に合わない発言や行動をすることもあります。そのようなベテラン教員を再育成することも、現代の管理職に必要な視点となります。

41 校内研修を通して人材を育成する

小・中学校では、新学習指導要領の移行措置期間が始まっています。「主体的・対話的で深い学び」というキーワードをもとにして校内研修を進めている学校も多く見られます。しかし、「主体的・対話的で深い学び」をめざしつつも、校内研修の方法は従来どおりということでは、新たな学校づくりをめざして学校を変えていくことにはなりません。

前例踏襲には経験と慣れがあり、その場にいる教員にとっては楽なことですが、「新たな学びを児童・生徒にさせていくという目的のために何が必要か」を議論しないままの前例踏襲では、業務改善にならないばかりでなく、今行うべきことを将来に先送りすることになります。新学習指導要領は今後10年以上使われるものですから、その趣旨を十分に理解して、校内研修のあり方を模索していかなくてはなりません。

▼知識や情報を伝えるだけの従来型の校内研究・研修

校内研究では、組織として教材研究や指導法の研究を行い、その過程で個々の教員の指導力を伸ばすことができます。従来型の校内研究では、経験を積んだ教員や授業研究を行う教科について専門性の高い教員が、自分のもっている知識を伝えることが中心になることが多く見られます。経験の浅い教員や専門性が高くない教員は、受け身の立場に立つ場面が増えるのです。

また校内研修では、ある課題について公的機関で研修を受けてきた教員が、伝達講習として得た情報を伝えることで校内研修とすることが多いように思います。

▼参加者が「自分事」として捉えられる仕組みに変える

これからの校内研究・研修を活用した人材育成では、「参加型」「双方向性」がキーワードとなります。「参加型」や「双方向性」のよさは、参加者が主体的に取り組むことができるということです。

どんなによい話でも、受け身で聞いていただけでは自分の授業改善に生かせませんし、時間が経過すれば忘れていってしまいます。「参加型」や「双方向性」のよさを吟味し、参加者が課題を自分事として捉え、自分の言葉で話せるようにしていくことが重要です。

専門的な知識をもつ講師や教員の話を聞くよりも、実際に自分で考えたことは、自分の授業改善に向けた具体的な取り組みになっていくのです。校内研究・研修の形態を、参加者が自分事として捉える仕組みに変えることが、経験年数の浅い教員の人材育成のためのポイントとなります。

42 ＯＪＴを活用して中堅教員を育成する

ＯＪＴによる研修では、ＯＪＴを受ける側に焦点が当たりがちですが、ＯＪＴは教える側を育成するためにも有効な手段です。昔から職人の世界では徒弟制度があり、弟子は「見て学ぶ」「技を盗みとる」と言われることが通例でした。

現代の教育現場は「見て学ぶ」や「技を盗みとる」というほどの時間的な余裕はありません。いかに効率的に力をつけさせていくかが課題にもなっています。ＯＪＴで教える側が、「何をどのように」ということをしっかりと考えて、計画的に進めていく必要があります。ＯＪＴの推進は、教える側の資質や能力にかかっていると言っても過言ではありません。

▼ＯＪＴの計画をしっかりと立てさせ、内容を確認する

ＯＪＴで教える側に立つのは、多くの場合は中堅教員です。これまでの経験がありますから、ある程度のことはそつなくこなすことができます。しかし、自分ができるのと相手に伝えて実践させられるのとでは大きな差があります。ですから、ＯＪＴを進めていく際にはしっかりとＯＪＴの計画を立てさせることが重要です。

指導的役割を任せたときに、「ＯＪＴですから、実際に仕事を一緒にしながら学んでいっ

てもらおうと思っています」と話す中堅教員が多くいます。実際に仕事を一緒にしながらというのは、言葉を換えれば「場当たり的に必要なことを教えていく」ということです。「身につけさせたい力は何か」を考えて教えるのではありませんから、教えられる側が体系的に学べる状況にはならないわけです。

そこで大切なのは、ＯＪＴの進行管理です。計画や指導内容などを事前に文書で提出させ確認することで、その内容が指導を受ける側に適しているのか、すでに習得済みのことかがわかります。また、身につけさせたい内容が指導事項に入っているかも確認できます。

計画を立てるということは、授業と同じで指導者側の準備が必要です。その準備を行う過程で、指導者側は自分の頭の中を整理し、相手に伝えるための方法を吟味し、効果的な対応を考えようとします。この作業こそが、中堅教員の人材育成になります。

43 ベテランを活用して学校文化の継承と改善をする

▼ベテラン教員の感じている「違和感」を改善のポイントにする

それぞれの学校には、その学校がこれまで受け継いできたさまざまなやり方があります。

A校では当然と思われていることが、B校では全く違う方法を使っていることも珍しくありません。そこには、その学校がこれまで蓄積してきた流れがあり、地域と関係が深いことも含まれるため、容易には変えられないことが多くあります。

しかし、業務改善につなげていくためには、ベテラン教員の感じている違和感を手がかりにすることも重要です。複数校での経験をふまえたうえで感じている違和感ですから、そこに改善のポイントが秘められていることもあります。「今感じている違和感をどのようにしたら改善できるのか提案してほしい」などの投げかけで、ベテラン教員のやる気を高めつつ、業務改善ポイントや方策を見つけるようにすることも必要でしょう。実行できるかどうかの判断は管理職が行うことも忘れずに付け加えておくことも必要です。

ミドルリーダーを育てる

44 日常の授業観察を定期的に行い、よい点・改善点を伝える

ミドルリーダーの役割として、若手教員の指導・育成があげられます。若手教員に授業を示範し、発問・板書・個別指導などよい授業を構成するポイントを示すことや、若手教員の

授業を見てよい点や改善点を指摘できるようになることが重要です。しかしながら、ミドルリーダーのなかには示範となる授業の実施や適切な指摘ができる教員もいれば、そうでない教員もいます。ミドルリーダーに基本となる授業を実施できるようにさせていくことは、教頭・副校長の重要な使命です。

▼よい点を2点、改善点を1点、具体的に伝える

よい授業を実施させるためには、日常からその教員の授業を観察することが必要です。1単位時間のすべてを見なくてもかまいませんから、授業を見てよいと思える点を2点、改善を要すると思える点を1点伝えていきましょう。

よい点はどんな細かいことでもかまいませんし、同じことを何回伝えてもかまいません。できる限り具体的に、「○○への声かけの言葉がよい」「○○の場面での板書の矢印がよい」というような伝え方が効果的です。改善点もできる限り具体的に「○○と指示していたけれどわかりにくかった。△△と指示した方がよい」という形で伝えていくことです。

▼若手教員の育成につなげるための具体的な指導をする

漠然と「発問を改善しよう」と伝えても、どのように改善したらよいのかわかりませんか

ら、その教員が問題意識をもっていない限り改善のしようがありません。このような経験だけでは、いざ若手教員への指導・育成に関わっても、自分の経験頼りの指導や精神論に終始した具体性のない指導になってしまいます。自分が具体的に指導されることが重要なのです。

また、よい点をたくさん指摘されることで指導に対して自信がもてるようになりますから、その経験が若手指導の際に生かされることになります。

45 分掌に特化した声かけを行う

▼指導・育成の経験がない教員がミドルリーダーに

若手教員が増加するなかで、教職経験が10年に満たなくてもミドルリーダーの役割を果たさなければならない状況が増えてきています。これまで若手教員として指導されてきた教員が、急にミドルリーダーの役割をすることになるのです。

そうなると、ベテラン教員に付いて若手の指導・育成の方法を学んだり、一緒に仕事を進めていくなかで指示の仕方を理解したりする経験が圧倒的に不足することになります。ミドルリーダーとして指名した段階では、すぐにその役割を果たすことはむずかしく、指名してから初めて、ミドルリーダーになるための指導・育成が始まるのです。

▼役割を通して、学校全体を見る視点を養う

ミドルリーダーとして広い視野で学校のことを見ることのできる資質を育てていくためには、役割意識の明確な分掌による指導が効果的です。「○○主任」など、役割を考えさせていくことで、その役割を通して学校全体のことを見る視点を養い、他の教員へ適切な指示ができるようにさせていくのです。

「若手にはうまく指示ができず、かといってベテランにはものが言えない。そのため自分で仕事を抱え込んでしまい他の教員が何をしたらよいのかわからない」という状況が頻発しないようにするために、教頭・副校長として外側から進行管理をしていくことが求められます。

まだまだ危うい状況のときには、ともするとやり方そのものにも口を出したくなりますが、そこはぐっとこらえて頻繁に相談させるようにすることが重要となります。独断専行とならないように、しかし職務遂行上の遅れがないように手綱を握っておくことです。そのために、日常の声かけが欠かせません。

▼自信をもたせ、自己判断する経験をさせる

「○○はどこまで進んでいるかな」「困っていることはないかな」「決めかねていることは

ないかな」など相談に乗るという形で声かけをし、進行状況を確認していきましょう。そして、「AとBとCという対策が考えられるけど、私はBがいいように思う。あなたはどう考えるかな」などとさりげなく誘導しながら、その教員が「Bがいいと思います」と自分で判断して進めたと思わせるように仕向けていきましょう。

このように、自信をもたせ、自己判断ができるようにさせていくことがステップアップにつながりますし、判断の基準をきちんと指導し確認していくことで、さらなる職務遂行に向けた経験をさせることができます。

46 他学級の児童・生徒の話題を話す

自分の担当する学級について話をすることは重要ですが、ミドルリーダーであるからこそ、自分の担当する学級以外のことにも目を向けて、学年や学校全体のことを見る視点をもたせていくことが大切です。

中学校では複数の学級を指導することが多いので、ホームルーム以外の学級のことについても多くの情報を得ていますが、小学校では学級担任制を基本としていることもあり、自学級のこと以外の情報については意外と疎いものです。

▼児童・生徒の具体的な姿を話題にする

ミドルリーダーは主任層としてさまざまな役割を果たしていますが、主任としての役割を着実に果たさせるためには、児童・生徒の個々の状況を話題にする、という手があります。そうすることで、自分では気がつかなかったポイントを明確にすることができます。

そして、その話題の中から学校のよい点や欠点に目を向けさせ、ミドルリーダーとしてどのようなことをしたらよいのかについて考えさせることもできます。

学級による指導の違い、学年間の方針の違いなどは児童・生徒の姿から読み解くことができます。「A学級の子どもは○○だけど、B学級は△△だね。あなたならどうしたらいいと思う?」など、具体的な児童・生徒の姿を借りて指導のずれを指摘し、その対応策について言及させるということは、即時対応ができるようにさせるための大切な方策になります。そして、普段は気に留めなかった児童・生徒の実態をとらえようとする視点を与えることにもなります。

教員の指導法について直接的に話題にしなくても、児童・生徒の実態を話題にすることにより、学校としての指導に自分がどのように関わっていくべきなのかを考えさせることができるのです。

ミドルリーダーの力を高める

次年度計画の大筋が確定し、それに向けた準備を進める2月頃は、各分掌における年度末反省も終わり、改善点も出揃い、各学校ともよりよい教育活動をどのように実施していくかについて考える時期です。現在の実施計画を継続していくにしても、新たに改善を加えた計画を実施するにしても、その計画の全体像を把握している教員が必要になります。それが、各計画の担当者であるミドルリーダーです。

計画の全体像を管理職しか把握していない、ということはないと思いますが、担当者が主体性をもって取り組んでいるかどうかによって実行性は変わってきます。この時期は、ミドルリーダーに対して「与えられた職務は忠実に行うが、それ以上ではない段階」から、「主体的に職務遂行をしていこうとする段階」へと引き上げるよい機会でもあります。

47 良好な成果の実施計画の改善点を2つ考えさせる

今年度実施したもので、改善すべき点や反省の少ない行事等も多くあると思います。適切に実施でき、問題点も少ないということは、通常であれば次年度もそのままの計画で実施することが望ましいでしょう。

次年度異動があったとしても、残った職員が実施したことのある内容であり、新しく異動してきた職員も、その職員からノウハウを学ぶことができるわけですから、大きな変更をしないという選択が無難なことは間違いありません。しかし、問題点が少ないことはよりよい計画であることと同じではありません。検討してみたらもっとよい実施計画になる可能性を秘めているわけです。

▼「よりよくするため」の改善点を考えさせる

主幹教諭や担当の主任だけでなく、別な担当の主任にも「○○はよかったと評価が高いので、次年度よりよくするために改善できるところを2つ考えてくれないかな」と投げかけることから始めてみましょう。今年の実施内容を否定するのではなく、「よりよくするため」というのがポイントです。

また、1つでは単なるひらめきである場合もありますが、2つとなるとそこから視点をずらして考えなくてはなりませんから、多面的に見る視点の育成につながります。ただ、3つとなると「よかったと言うけれど、不満に感じていることがあるのかな」と疑心暗鬼を生じさせてしまうことにもなりかねません。

1人では2つの案しか出てきませんが、4人に指示を出せば8つ、6人なら12の改善案が出てきます。出されたプランは当然重なりもあるでしょうが、改善策として検討する価値のあるものを検討し、次年度計画に反映するように働きかけていくことが必要です。前向きな改善案を作成しているときには教員の目も輝き、意欲的に進めることができるでしょう。

▼事前の情報提供を通して指導・育成する

指示を出し、改善策が報告されてきている段階で、その実施計画の担当主任には「こんなことを考えているけれど、どう考えるかな」など耳打ちをしておき、実施計画に盛り込むための下準備を進めます。

良好な結果であったものの改善策を考えるわけですから、担当主任としては「うまくいったものを何でまた考えなくてはならないのか」と考えている場合もあります。「こうしたらもっとよくなる」「こんなメリットがある」など、事前の情報提供を通して、担当主任の指導・育成の機会としていくことが重要です。そして、「よりよい提案を自分で作成した」と自信をもたせることにつなげていきたいものです。

48 課題のある実施計画の改善点を3つ考えさせる

進行に問題があった、準備が十分ではなかった、想定外の問題が起きたなど、さまざまな理由で改善すべきものもあります。このままの実施計画で次年度も進めれば、同じ失敗につながってしまいますから、対策を立てていかなければなりません。

管理職として問題点が見えているときに、担当者にその点を指摘して改善案を作成させるのか、教員組織で検討させるのか迷うこともあります。実施計画そのものに不備があるときには即時に改善策を考えなくてはなりませんが、複合的な要因である場合には、教員組織で検討させることがミドルリーダーの育成につながります。

▼原因を明確にさせ、力量に応じたアドバイスを

改善策を考えさせるポイントは、「○○については参観者からの肯定的な評価が少ないので、その原因を考え、その改善策を3つあげてくれないかな」など、原因となることを明確にさせたうえで、改善策を3つ考えさせることです。

原因はすぐに指摘できるでしょうが、その改善策として3つのプランを考えることは簡単ではありません。ミドルリーダーの力量にもよりますので、「原因を考えて改善策をあげて

ほしい」と依頼して、改善策が出た段階で「それについては私も考えたんだ。もっと別な視点からのアプローチはないかな」など、視点を変えるアドバイスをしてもよいでしょう。

このようにして、最終的に3つの改善策をあげるまで粘るという方法もあります。担当主任や他の主任などのミドルリーダーが1人で悩んでいるようであれば、「〇〇部で検討してみてくれないかな」など組織を巻き込む働きかけも必要です。1人で悩み解決する力も必要ですが、組織を活用するためにいろいろ働きかけたり、他の教員の意見を集約したりする力も育てておかなくてはなりません。ミドルリーダーとしての資質向上に資する働きかけが教頭・副校長には必要です。

49 「報告・連絡・相談」を確実に行わせる

ある程度仕事ができるようになると、自分のペースで進められるようになり、順調にいけばいくほど「報・連・相」が遅くなることがあります。

「報・連・相」は問題が生じたときに頻繁に行うものではなく、順調なときほど必要だと伝えることが重要です。一般企業では、「業務報告」「定時報告」は当たり前のように行われますが、学校という組織は「業務報告」「定時報告」が抜けがちです。

▼進捗状況の報告は「業務報告」であることを意識させる

適切に教育課程を管理するためには、順調に進んでいるという報告こそが大事だということを理解させ、ミドルリーダーが若手教員等の情報を収集し、その報告を行うように仕向ける必要があります。OJTを推進するうえでも、進捗状況の報告は「業務報告」であることを意識させ、教頭・副校長として、教育課程の管理を行うための情報収集をしっかりとするように働きかけていきましょう。

「報・連・相」はその教員の主体性を縛るものではなく、主体性を高めていくために重要であることを意識することが必要です。

若手教員を育てる

50 前週中に週案の内容を確認する

週の指導計画（週案）は、計画的な指導を行ううえで欠かせません。ですから、週案の作成は早め早めに行わせることが必要です。若手教員のなかには「授業の進度が固まらないから、先のことを見通して書くことがむずかしい」などの理由で週案の作成が遅れがちになる方がいますが、「案」だからこそ先を見通して計画的に進め、必要な点は順次修正していくという意識づけが重要になります。

▼提出時期前の確認を指導の機会とする

学校によって提出の時期はいろいろでしょうが、若手教員については提出時期の前に内容を確認することで指導の機会を確保することが必要です。教科名、単元名、計画時数中の何時間目か、ねらい、評価、準備物など、週案に記載すべき内容はたくさんあります。

また、その前の週の指導の記録も書かれていることが重要です。これは、今後指導や対応を振り返るための重要な資料となります。週案という形式にこだわらなければ、指導資料としての指導計画ノートを作成させ、それによって内容を確認し、週案そのものは行事予定の変更などと併せて清書という形で完成させることもできます。

▼授業のポイントを説明させてみる

重要なことは、指導書を丸写しして計画を立てたと安心させないことです。単に書いただけでは内容が具体的になっていないため、発問や板書などが場当たり的になってしまい、実際の指導場面ではあまり役に立たない情報となってしまいます。

週案のどこか1コマを取り出し、「この時間の中心となる発問は?」「そのとき子どもはどんな反応をするかな?」「どんな板書にする予定?」など授業のポイントとなることを説明させてみましょう。明確に具体的な答えが返ってくるならば教材研究はしっかりできている証左ですし、曖昧ならば十分に検討された計画ではないことがわかります。

指導経験が少なく指導力の未熟な教員が、間に合わせの計画で指導をしていくのでは、内容の充実した授業が進行することは想像できません。授業のぶれが締まりのない指導になり、それが授業の荒れや学級の崩れにつながっていくという可能性も秘めています。

学級崩壊を未然に防ぐためにも、週案の確認を習慣化していくとよいでしょう。

51 文書による情報提供はマーカーを引いて渡す

教頭・副校長として教職員にさまざまな情報を伝えていくために、紙面を利用することも多くあります。自分がつくった文書のときもあれば、新聞記事や雑誌の記事、教育委員会からの文書の場合もあります。

▼情報の整理ができない若手教員は、情報を見失う

示された文書の内容を確認し、その内容を理解して対応するということは社会人として当たり前のことですが、たくさん来る文書が机の上に積み重ねられ、いつの間にか山になっているということも少なからずあります。

学校というところの特徴でもありますが、多くの組織がDMやポスティングなどの手段を使って文書を直接保護者に配付するのではなく、「この文書を全児童・生徒に配付してください」「○年生に配付してください」などという依頼をしてきます。その数は年間で累計500種類以上という試算もあります。

教育委員会からの文書も、机上に置かれることが多いでしょう。そのような紙が山積された結果、情報の整理整頓が十分できていない若手教員が、本来必要な情報を見失いがちになるのです。

▼文書を見落としがちな教員にはポイントにマーカーを引く

「この人は文書を見落とすことが多い」「この人は文書を見るのを後回しにしがちだ」など特徴をつかんだら、その人に渡す文書には題名の一部やポイントとなる単語にマーカーを引くと、その文書に注目させることができます。手間はかかりますが、見落としを防ぐために

は必要な手段となります。

必要なところすべてにマーカーを引かなくても、注目させることが目的ですから、一部の単語でよいのです。提出期限が設定されているものならば、その期限の日時に着目させることもありますし、「提出期限」という部分にだけマークしてもかまいません。「重要な文書ですよ」ということを示すことが重要です。

もちろん、いつまでもこのことを継続していては、その教員の文書を読む力も対応能力も向上していきませんから、順次減らしていくようにしましょう。

52 毎日必ず報告させる

教頭・副校長の職務は激務です。教職員・教育委員会・保護者・地域・関係機関等との多くの対応がありますし、文書による報告が1件もない日は考えられません。

そのような中で若手教員への対応もしなくてはなりませんが、要点をかいつまんだ報告の仕方を訓練された若手教員は多くはないですから、報告を聞くだけでも多くの時間をとられることになります。

しかし、報告の仕方は一種の訓練です。繰り返し何度も行うことで、どのような情報を伝えたらよいかを考え、情報を取捨選択できるようになってきます。そのためにも、毎日その日のことを報告させるようにしながら、報告の仕方を指導していくのです。

▼報告する観点を絞らせ、時間短縮を図る

授業でうまくいったこと、うまくできなかったこと、児童・生徒へ指導したこと、指導の効果や見取り、保護者対応、教職員との関係など報告すべき内容は多岐にわたります。そのなかで、よかったこと1点、改善が必要なこと1点に絞って報告させるなど、報告する観点を自分で絞らせるとともに、聞く側としても時間短縮を図る工夫が必要です。

報告を聞いた際には、指導すべき内容は指導しなくてはなりませんが、報告の内容について「この部分の説明はもっと簡潔でよい。この部分はもっと詳しくした方がよい」などと伝えていくことも必要です。

▼報告の流れを確認し、習慣づける

ともすると、教頭・副校長への報告が優先されてしまい、学年主任に必要な内容が報告されていないこともありますから、「このことは○○先生（学年主任）には伝えてあるね」と確認することも重要です。

自分→主任→（主幹→）教頭・副校長→校長という組織のなかでの標準的な報告の流れを確認しなければ、何でも主任を飛び越えて教頭・副校長に相談するという悪癖が身についてしまうことにも留意しながら、報告を聞くようにしましょう。このような報告を通して指導・育成していくという意識を、管理職としてもっている必要があります。

若手教員の指導力を向上させる

新しい学年での学級経営が半年以上を過ぎると、教員は学級の児童・生徒一人ひとりの実態に応じた指導に自信をもって対応するようになります。初任者であれば、おおよその学校行事を経験し、どのような流れで1年が過ぎていくのかを体験的に学んできていますし、2年目・3年目であれば、少し見通しをもった取り組みが進められ、自信につながる経験を増やしてきていることでしょう。

このような時期こそ、これまでの実践を振り返り、今後の指導に生かしていくように仕向けることは、学校づくりで重要な視点となります。

53 指導担当教員からの「報・連・相」を徹底する

新採3年目までの若手教員と言われる時期には、公的な研修が組まれています。公的な研修を進めていくには、指導担当教員の指導や、研修の進行管理が欠かせません。経験の少ない教員が自己管理をしても、目の前のことに追われてしまって、広い視野での研修にならなくなることがあるからです。

主幹教諭・指導教諭などの指導・育成を職責にもつ教員が、指導担当教員としてその責に当たることが多いでしょう。しかし、近年の教員のアンバランスな年齢構成の状況や、校内での学年の人員配置などのさまざまな事情で、主幹教諭や指導教諭でなくとも、ある程度経験のある教諭が、その責に当たることもあります。

▼指導・育成についての「報・連・相」の仕組みを構築する

若手教員を現在の職場の貴重な戦力として育成することは重要な課題です。またその成果は、各都道府県の教育力向上につながっていきます。

若手教員を、経験が少なく日々の指導に困り感をもった状態から、ある程度任せても大丈夫という状態にまで育成していかなければなりません。そのためには、昔ながらの「見て覚える」「指導のコツを盗みとる」ではなく、計画的に何を学ばせるかを明らかにすることが大切です。

ある程度ベテランの、指導・育成について経験豊富な教員であれば任せられますが、指導者側がそこまで育っていない場合には、管理職が適切な「報・連・相」の仕組みを構築することが、学校づくりにおいて重要です。

▼指導担当教員の指導状況を進行管理する

指導する教員にも担当する学級や教科の指導があり、日々忙しくしています。若手教員の指導を後回しにするつもりはなくとも、実際の指導は遅れてしまうということもよくあります。

だからこそ、どんな授業や研修がどの程度進んでいるのか、現在までの成果は何かなどを定期的に「報・連・相」により確認する必要があるのです。教頭・副校長には、若手教員の指導・育成にかかわる研修を進行管理する指導担当教員の「指導状況を進行管理」していくことが求められます。

公的な研修の報告は提出期限が決まっていますが、それに合わせて進行管理をするのではなく、もっと短いスパンでの進行管理が必要になります。

54 若手教員を伸ばすための日常の授業観察をする

近年は若手教員といっても、大学の新規卒業生ばかりではありません。臨時的任用教員を複数年経験していたり、他の都道府県で教員経験があったり、社会人経験があったりと、さまざまな経験をしてきている教員が増えています。正規教員であれ臨時的任用教員であれ、教員経験をしている若手教員と、社会人経験のある若手教員と、大学を卒業したばかりの若手教員では細かい対応が違います。しかし、いずれの場合でも教員として重要な育成ポイントは、適切な授業を行うことができるかということです。

▼現状に応じた授業ができるように、管理職の視点から指導する

自分が子ども時代に受けてきた教育を、そのまま現在の学校現場に適用しようとする教員はいないと思いますが、特別な支援を要する児童・生徒が増えてきている現状では、その学級やその児童・生徒に合わせた教育活動を進める必要性が高まっています。そのためには、旧来の知識だけではなく、新しい指導についても認識を深める必要があります。

若手教員がどのような指導をしているのかを管理職による授業観察を通して確認し、必要な指導をすることが求められます。新しいことにチャレンジしていても、1時間の指導のな

かで整合性がとれていなければ、効果的な学習にはなりません。

授業観察後の指導のなかで、「導入の○○と関連させながら△△をするとよい」「□□を押さえてから◇◇をすると効果的」など、具体的な授業場面を通して指導していくことで、研修で学んだことを実際の授業に生かすことができます。

さまざまな観点によるＯＪＴは指導担当教員から行われており、その進み具合も報告されているでしょう。しかし、授業に関して指導担当教員の見方のみで指導を行うのではなく、多面的に授業を分析し、指導することによる効果を実感させていかなければなりません。

▼「視点をもって参観する」「よいところを褒め伸ばす」「情報を提供する」

管理職の授業観察と指導は、若手教員を伸ばしていくために行う必要があります。定期的に1単位時間の授業を観察することはむずかしいこともありますが、「今日は導入を見よう」「終末を見よう」「板書を確認しよう」「個別指導の仕方を確認しよう」など、視点をもって参観を行うことで、より効果的な指導になることもあります。

「不適切な点を修正させる」ことを目的とするのではなく、「よいところを褒め、伸ばしていく」ことを目的として授業観察をし、併せて新しい情報を提供することが、授業観察の効果を上げるとともに、長続きをさせていくコツでもあります。

55 健康管理に配慮する

「体力にだけは自信があります」と豪語する若手教員は多数います。確かに活動的で、何にでもチャレンジする姿がよく見られます。しかしその姿は、効率的な方法を知らないためにがむしゃらに取り組んでいるという面の表れでもあります。体力面でも精神面でも、すべてに全力であるということは、危険性をはらんでいるということを管理職として認識して対応する必要があります。

▼日常の行動を見て、頻繁に声をかける

何かの前兆があれば配慮できることもありますが、「先週まであれだけ元気だったのに、どうして急に」というように、体調を崩す若手教員もいるのです。時には、本人も自覚がないまま無理をしていたことが、体調不良につながることもあります。

一人教員が欠けると、学校運営には大きな支障が出てきます。欠けた分の自習監督、補助授業（補教）・時間講師の手配、分掌の再構築など、管理職としての仕事が日常の倍以上になります。児童・生徒や保護者への対応には一番気を遣います。本人の自覚のみに頼るのではなく、日常の行動を見て、日頃からの頻繁な声かけを行っていくことも重要な視点です。

年配教員のやる気を引き出す

56 評価をふまえた声かけをする

▼ただ褒めるだけではモチベーションは上がらない

教職経験の豊かな年配教員に対しては、若手教員のように「とりあえずよいところを見つけて褒める」だけでは意欲の向上につながらない場合があります。それは、これまでさまざまな人生経験をしている分、「褒められること＝自分が認められていること」という図式で捉えるのではなく、「何か裏があるのではないか」と認識することが多いことによるものです。自分自身も若手教員を育成しているなかで、不本意ながらも「褒めることで何とかしよう」としてきた多くの経験に裏打ちされています。

しかし、できていないことをそのまま指摘するのでは、相手が「自分は認められていない」「自分のことを正しく評価してくれていない」と考え、良好な人間関係が構築できず、非協力的な関係にもつながりかねません。

また、年配教員はこれまで自分がやってきた方法に自負がありますから、なかなか自分のやり方を変えようとせず、管理職として求めている方策に対しても「しかし……」というように、一つのやり方や考え方に固執してしまうこともあります。

▼「きちんと見ている」ことが伝わる声かけをする

年配教員を、学校運営の助けになる教員として生かしていく必要がありますから、その教員のモチベーションを上げていく関わりをする必要があります。そこで重要なのは、評価にかかわる情報を含んだ声かけをしていく習慣です。教職経験が豊かなわけですから、自分のしていることが管理職にどのように評価されているのかについては敏感なところがあります。

そこで、「○○という提案で△△のような効果が見られた」「○○に△△の助言をしてくれたので□□のようになった」というように、効果があったことを具体的に伝えたり、「○○という提案をしてくれたが、実際には△△の方がよかった」「○○に△△という助言をしてくれたが、今一歩だったので、別な助言を考えてほしい」と伝えたりするなど、プラス面でもマイナス面でも、その人の職務に関することに限定して伝えることが必要です。これは改まった場だけではなく、通りがかりの立ち話の際にも同じです。

「自分を使い走りにしようとするのではないか」という疑念を抱かせるのではなく、「きちんとあなたの職務を見て評価しているのだ」ということを伝えることで、その職務に関しての責任感を高め、次につながるやる気を育てることができます。

たとえマイナスの情報であっても、きちんとした意図をもって伝えていけばやる気を削ぐことに直結はしません。おざなりの声かけをするのではなく、その人をきちんと見ているのだということが伝わる声かけが重要です。

57 解決すべき課題を提示する

▼年配教員の経験を生かした方策立案を働きかける

さまざまな経験をしてきている年配教員ですから、学校の課題への対応も直接的に、あるいは間接的に経験してきています。その経験を生かしていくことが、年配教員のやる気を引き出す手段となります。立地や職員構成等、学校環境は違うので、これまでの経験がそのまま使えることは少ないでしょうが、何かしらの役に立つと考えられます。

現状の学校課題のなかで、年配教員の職務経験や人生経験から得られるアドバイスにより解決が可能なものなどについては、積極的にその解決のための方策立案を働きかける習慣をもつことも必要です。「なかなか使えない」とぼやくよりも「積極的に使う」ことをめざした方が、管理職の精神衛生上の面でもよいように思います。

▼改善方策を考えさせ、やりがいを感じさせる

職員の環境づくりに課題があるならば「〇〇先生、最近廊下や教室の掲示がうまくいっていないように感じるけれど先生はどう感じていますか。何か改善する方法を提案していただけますか」など職務上必要なことで、その教員にも関わりがある課題を提示し、解決策の立案を求めることは、自分が役立っていると思わせる手段として有効ですし、その提案を考えさせることで、学校全体に目を向けさせることができます。

教員は、言葉による指示のみに終始するのではなく、具体的な対応策を考えることでやりがいを見出し、その成果を具体的な形で確認することができます。上手にモチベーションを上げていくための対応を考えていきましょう。

58 若手教員を活用する

年配教員には一家言ある方が多いですから、それを活用していくことは学校運営に資する方法です。自分の行動や発言が何かの役に立ったとか、誰かに影響を与えることができたと思うことはその人のモチベーションを上げるのにたいへん効果がありますし、自発的な行動であるならばなおさらです。

▼若手教員に助言・指示をする場をつくる

若手教員のなかには、自分の課題となる事項について解決策が見つからず右往左往していたり、むやみやたらに動き回り、解決に至る道筋を見つけられないでいたりする教員がいます。「指示待ち」という言葉がぴったりくるような、自分自身で解決策を見出す力が弱く、指針や指示がなければ動くことができない若手教員もいますし、時として思考する部分を丸投げという状態になってしまう若手教員もいます。

そのような若手教員に対して、年配教員から助言や指示をする場面をつくって、年配教員の経験を生かすようにすることも必要となることがあります。一家言あるからこそ、自分の影響力を実感したいわけですから、その力を使わない手はありません。

▼若手教員から働きかけさせ、管理職が進行を管理する

もちろん強い影響力を示されすぎても困るので、コントロールしていく必要はあります。そのためには、「○○先生に△△について教えてもらってくるといいよ」「○○先生に□□のことを相談してごらん」など、若手教員に対して具体的に行動を指示し、若手教員から年配教員へアクションを起こさせ、その進行の管理を管理職の習慣とすることです。

若手教員へは、「教えてもらったら内容を報告して」「実際の計画を立てる前に、私に相談

して」という指示をしておき、年配教員から若手教員への助言・指示が学校運営上適切であるかどうかを確認していく必要があります。

立場が上になることの心地よさを活用して、年配教員のやる気を引き出していくことが、その教員をさらに伸ばしていくことにつながりますし、若手教員のスキルアップにも役立ちます。

教職員を指導する

教頭・副校長は教職員の直接の上司であり、職務にかかわる指示はその言い方や示し方にかかわらず職務命令となります。教頭・副校長から指示された職務の実施は期限までに確実に行う必要があるわけですが、職務命令とは認識しておらず、必然性を感じていない教職員もいます。「職務命令とは言っていなかった」「してくださいと言っていない」などの苦情を言ってくる教職員もいるほどです。

このような教職員がいることを前提に、その状況を逆手にとることも、教頭・副校長が学校づくりに関わるうえで大切です。

59 全体にかかわる指導はゆっくりと確実に行う

学校全体にかかわる指導は、全体の前で「ゆっくり」と伝えることが重要です。必要ならば文書にして配付し、それをもとに話します。

▼不在の教員への配慮、全体への浸透の確認

個人情報の管理・体罰・暴言・人権侵害・会計など服務事故につながること、いじめ対応など児童・生徒の指導にかかわること、保護者との対応で共通認識しておくことなど、全体にかかわる指導事項は多岐にわたりますが、それらは「確実に」伝えましょう。出張等で不在の教員への伝達の方法にまで考慮する必要があります。「後で確認したら聞いていなかった」というのは、指導が届いていないということです。

主任会等で周知したとしても、「学年主任に伝えたから全体にも伝わっているはず」と考えるのではなく、伝えたことを報告させるなどの工夫も必要です。

▼指示・報告の記録をとり、指示後の点検も確実に

指示の記録をとり、「○月○日○時○分、□□において△△を指示。その後○年、学年主

任から学年への伝達終了との報告をもらう」という記録を残すことも大切です。議題メモに指示内容を残すことで、確実性を高めるのもよいでしょう。

重要なのは、どのような言い方であるにせよ、教頭・副校長が「自分の発した指示は職務命令に該当する」という認識をもち、それがどのような学校づくりにつながるかを考えていることです。そして、指示後はそれが確実に実施されているかを点検することが必要です。

60 個々の教員への指導は個別に行う

同じ指示をしても、教員によってその理解は千差万別です。たとえば、「児童・生徒への厳しい指導はいけません」という指示をしても、「厳しい指導」の理解が個々の教員によって違うため、学校として統一した指導にならないことがあります。これは、指導歴、性格などが反映された「この程度までは適切な指導の範囲」という基準が違っているためです。

しかし、伝達の場面で具体的に例をあげて「○○は適切、△△は不適切」などと示していては膨大な時間がかかりますし、すべての事項を網羅できるわけでもありません。多くの教員は、概要の指示で基本的な内容を十分理解し行動できるわけですから、そうでない教員への指導に力を入れることが、学校づくりを進めていくうえでは重要です。

▼教員の性格や経験にあわせた指導を

「厳しい指導」の基準がずれている教員には、個別指導での具体性が重要です。具体例で基準のずれを修正していくには時間がかかりますし、一度の指導ですぐにその基準が修正されることは少ないので、じっくりと時間をかけていく必要があります。

また、経験不足で指導力が高まっていない教員は、管理職からの指導の効果は出やすいですが、ある程度経験のある教員は自分のやり方にこだわろうとすることが多く、なかなか指導の効果が表れない傾向にあります。その教員がどのような経験をもち、どのような指導場面が効果的かを考えることも大切です。

▼組織を活用して、ＯＪＴで指導する

また、個々の教員への指導を管理職のみが行うのは、「学校づくり」において好ましい方法とは言えません。学校の組織を活用した個々の教員への指導というＯＪＴこそ有効です。

児童・生徒への指導が不適切ならば、ＯＪＴ担当者に指導場面に同席させて一緒に指導させることで、どのような指導が適切なのかを具体例で理解させることができますし、保護者対応が十分ではないならば、面談の場に同席させることで対応方法を学ばせることができます。

▼教頭・副校長からの指示は「職務命令」であることを認識させる

「事前の打ち合わせで確認して、実際の場面はその教員に任せる」ことにならないよう指示することが、教頭・副校長の大切な職務です。学習指導が十分にできていないのならば、ＯＪＴ担当者の授業を参観させたり、ＯＪＴ担当者が指導すべき教員の授業を参観したりして指導する場をつくることも重要です。忙しいことを理由に参観や指導から逃れようとする教員への指導を強制する命令こそ、職務命令だと認識させる必要があります。

教頭・副校長からの指示のすべてが職務命令だと認識していないことを逆手にとって、「これは先生の仕事です。やってください」と強い口調で伝えることで、指示にメリハリがついてよい効果を生むこともあります。

61 教員以外の学校職員を指導する

教員以外の学校職員は、その職務内容が明確に規定されています。多くの職員は、職務範囲内のことに関しては時間内でできることを精一杯行っています。その職務範囲においては専門的な知識とノウハウをもっているので、任せていても大きな問題は生じませんし、児童・生徒や保護者との直接的な対応が少ないので大きなトラブルを生み出すこともありありません。

しかし、職務の遂行状況は個々の職員の資質・能力によって違いがあり、積極的に新しい仕事を探そうとする人もいれば、現状の範囲で仕事をし、少しでも仕事量を減らそうとする人もいます。

▼進行管理表を作成し、週に一度は点検する

学校は児童・生徒に直接指導する教員と、学校環境の整備に関わる学校職員とで役割分担し、協力して職務遂行をしていく職場ですから、よりよい学校をめざして、教職員一人ひとりが前向きにならなくてはなりません。

そのような中で、職務範囲の内容はやってはいるが効率的でなかったり、期限が先延ばしされてしまい、指導場面に影響があったりするというのでは困ります。教頭・副校長は職員の職務の遂行状況の進行管理をする必要がありますし、その指導も重要です。

教員以外の職員の職務範囲は明確ですから、進行管理表を作成し、それができているかどうかを週に一度は点検する必要があります。そして、できているならば褒めたり感謝したりし、できていなければ叱咤激励したり新たな期限を設定したりし、仕事の成果をどのように評価しているかを伝えましょう。

できたことを褒められること、次の目標に向けて激励されることは、前向きな心情の育成につながり、最終的にはよい学校づくりの一助になります。

授業研究を活性化する

教育公務員特例法では、21条に「教育公務員は、その職責を遂行するために、絶えず研究と修養に努めなければならない」と定められています。この規定に沿って、各自治体や各学校では教員の研修を行うように努めています。各学校で行う研修の中心は「校内研究」ですが、その主なものは「授業研究」です。教材研究や指導案の検討、事前授業や研究授業と協議会、講師を招聘しての指導・講評という流れが一般的でしょう。

「授業研究」はその言葉どおり「授業」を通して「研究」するものであり、教員の指導力向上のためには有益な方法です。諸外国からも、日本の教員の質の高さは「授業研究」の充実に支えられていると評価されています。授業研究のよさは内外から認められているところですが、そのあり方について考えてみることが、学校を変えていくための重要な視点になるでしょう。

62 全員が関わる授業研究にする

▼形どおりの授業研究から、教員の学びのある授業研究に変える

小学校では多くの場合、授業研究を行う学年が決まると、その学年が実施する教材を選定し、教材研究を行い、指導案を作成し、研究授業を行うという経過をたどります。授業学年や低・中・高学年等の分科会が提案を作成するためにその過程に関わりつつも、最終的には「授業者の考えを大切に」という言葉のもとで授業者ががんばるということになります。中学校や高校では、学年よりは担当する教科の教員が、授業研究の主な過程を担うことになります。

このような過程の授業研究では、多くの教員は当日の研究授業を参観し、協議会でその日に気づいたことを発言し、講師の指導を聞くにとどまります。担当する学年や教科が違うと「学年（専門とする教科）が違うから、自分が生かせることが少ない」と感じることもあるようです。

参加する教員の指導力の向上や、日々の授業改善をめざした研修の機会であるにもかかわらず、授業研究の成果はその授業を担当した教員や学年（教科）、あるいは分科会で共有するにとどまってしまうのです。形どおりに済ませる授業研究を変え、教員にとって学びのあ

るものにしていく必要があります。

▼育成したい「資質・能力」の視点に立った校内研究に

新学習指導要領では、「資質・能力」の育成を重視しています。教科の内容を習得させるための指導という視点から一歩離れて、「資質・能力」の育成という視点に立って校内研究を進めていくと方策も変わってくるでしょう。

分科会も、「育成したい資質・能力」の視点で構成すれば、同じ学年や近接学年のメンバーで構成する必要はありませんし、教科横断的な視点で「資質・能力」を考えれば、同じ教科を専門とする教員で構成する必要もありません。

いろいろな教科・領域を専門とする教員が集まって分科会を構成した方が、教科横断的な「資質・能力」の育成や授業改善の視点が生まれるでしょう。授業についての事前の検討から協議会のグループ協議まで、従来の校内研究の枠を取りはずし、いろいろと工夫することが必要ではないかと思います。

教員の研修システムについては独立行政法人教職員支援機構の「次世代型教育推進センター」のホームページでさまざまな研修の仕方について提案していますから、それを参考にして、自校の実態に合わせてアレンジしていくようにするとよいでしょう。

63 子どもの姿を語る協議会にする

これまでの授業研究の協議会では、教員の発問や板書・指示の仕方などについて、経験の多い教員が蕩々と語る場面や、専門的な知識の高い教員がその専門性を遺憾なく発揮する場面、授業者や授業担当分科会が協議会の参加者から質問を受け、その応答に終始する場面が多かったように思います。

最近は、グループ協議を取り入れた協議会が増え、協議会の参加者が積極的に発言する場面も多く見られるようになりました。しかし、協議会の中心は「指導のあり方」に力点を置いたものがまだまだ多いように思います。「○○という発問をしたら子どもは△△という反応が増えた。○○という発問は効果的であった」「板書に□□とまとめて書いたことで子どもから▽▽という考えを引き出すことができた」など、教師の働きかけの効果を検討することで、有効な指導のあり方を協議していくわけです。

▼子どもの学びの事実を分析・検討・協議し、より有効な指導を考える

「子どもが○○という反応をしたが、その理由は何だろう」「A児とB児が▽▽の関わりをしたがそれは何に起因しているのだろう」と子どもの授業中の実態をもとにして、その理由

を探っていく協議会はまだまだ少ないように思います。児童・生徒の学びの事実をきちんと分析し、その事実は何に起因しているのかを検討・協議し、より児童・生徒に有効な指導を考えていくという視点で協議会を進めることが今後重要になると思います。

64 協議会の指導・講評を改善する

▼専門家に指導・講評を依頼するのはもったいない

協議会の指導・講評は、授業を行った教科の専門家に依頼することが多いでしょう。協議会の時間は限られているので、授業に関する協議が十分深まっていない段階で、講師の指導・講評に移ることもあります。

協議中も、「○○については、いろいろな意見があるようなので、講師の先生に教えていただきたいと思います」など、協議が深まらないまま司会進行が行われることがあります。その授業を最もよく知っているのは、その学校の教員です。「協議の内容を価値づける」という美名のもと、教科内容の専門家ではあっても授業成立までの過程を十分には知らない講師に任せるのはもったいない気がします。

▼自分たちで進める協議会にチャレンジする

その授業が学習指導要領の何を実現しているか、どのような先行実践と関わりが深いのかは少し調べればわかります。授業研究は教科の専門家の育成を行うのではなく、その授業を通して教員が研修をしていくものですから、授業の価値づけまで自分たちで行えれば、より研修としての価値が高まります。

学習指導要領への位置づけ、単元構成の意味づけ、指導過程の提案性、指導方法や指導技術のあり方、教師と子どもの関わり、子どもの反応など、その授業を価値づけていくための指導・講評を教員が行うことはたいへん意味があります。

指導・講評の役を担う教員はより勉強をしなくてはなりませんし、話を聞く教員は頭の上をむずかしい話が過ぎていくという受け止めでは済まされません。協議会に参加した教員のすべてが主体的に参加することを求められるのです。

講師を招聘せず、自分たちで最後まで進める協議会にチャレンジしてはいかがでしょうか。

4章

子ども・保護者・地域と関わる

児童・生徒の状況をつかむ

学校にはさまざまな児童・生徒が通っており、家庭環境や性格、特性など個々に違っています。近年では「習熟度別指導」「選択授業」など、それぞれの児童・生徒の興味・関心や特性に応じた指導を行うようになってきており、「個性を重視した教育」の推進が言われていますが、日本の教育の基本は学級単位による一斉指導であり、その指導場面でいかに個々の児童・生徒の特性に応じた教育活動が展開できるかが鍵となっています。

65 家庭環境を把握し、適切に対応する

児童・生徒の学校での行動の根幹は、家庭環境に左右されることが多いものです。何事にもおっとりとした行動をする子や、キビキビと行動する子の保護者と面談をしたら、その子の行動が納得できたと話す教員も多くいます。

その子の育ちを見るには家庭の様子を見るのが一番わかりやすいのですが、家庭訪問をする学校が減り、家庭の様子を把握する機会が少なくなってきている現在では、担任が効果的

な指導をしにくい現状もあります。

▼家庭の情報の収集・記録・管理を指導する

そうした中では、少ない機会を有効に活用して情報収集を行い、どのような事情を抱えているのかを把握する必要があります。

担任には、個人面談時の何気ない会話の中から得られた情報を記録し集積したり、児童・生徒との会話の中から有益な情報を得て記録したりするなどの細かい作業を指示することも重要です。

得られた情報は高度な個人情報を含んでいますから、記録は職員室内の鍵のかかる金庫等で管理し、内容については学校外では話題にしないなどの配慮についても教員に指導する必要があります。保護者との信頼関係の根幹をなす情報ですので、取り扱いには十分な配慮が必要です。

▼家庭環境を把握させ、子どもにとって望ましい対応をさせる

一般的・普遍的な指導では、児童・生徒の心に響かないことがあります。そして、その子の家庭環境に配慮した対応をすることで、指導が効果的になることもあります。「あの子は

○○という事情を抱えているので△△の対応をしたら、忘れ物をしなくなった」という教員間の会話はよく聞かれるものです。

「一斉に同じ指示をして、それができないから注意され、自己肯定感が下がる」という悪循環を断ち切らなければ、改善には向かいません。一斉に同じ指示をしても、その後個別にその子にできる指示をつけ加えるなどの対応が必要になることも、校内の打ち合わせや研修等を活用して周知していきましょう。

重要なことは、全員に同じように同じことをさせるという単純な指導観から脱却させ、家庭環境をしっかり把握したうえでその子にとって望ましい対応をするということです。その子に合った指導をしていないために保護者からの信頼を得られない、その子ができないことを家庭の責任に転嫁し保護者との溝が深まる、などということを減らすことが学校づくりでは重要な視点であり、その視点に立って教職員と関わっていくことが必要です。

66 特別支援教育の推進を図る

▼保護者との情報共有を図り、その子により合った教育環境を整える

どの児童・生徒にもその子らしさや特性があります。集団で学校生活を行っていく中で

は、扱いやすい子とそうでない子があり、担任にとっての指導のしやすさ・しにくさにつながっています。

最近では「特別支援教育」という言葉が教育の世界だけでなく社会一般でも認知され、保護者との相談も以前よりは容易になってきてはいますが、自分の子どもに関して特別支援教育にかかわる話題が出ることに、拒否反応を示す保護者もまだまだ多く見られます。

本来であれば、その子の特性についての情報を保護者と共有し、その子により合った教育環境を整えることが必要ですが、その段階にまでいくには長い時間がかかるのが現状です。保護者としっかりとした情報共有をしながら、よりよい方向で特別支援教育を推進していくことが学校づくりでは必要です。

▼教職員や保護者の理解推進への働きかけ

教育の世界では特別支援教育に関しての理解が進み、さまざまな研修会を通して教員の研修も深まってきています。しかし、特別支援教育にかかわる情報は日々更新されており、以前獲得した知識では十分でないのが現状です。

発達障害に関してだけでも、毎年のように新たな考え方や対応の仕方が示されており、より細かく児童・生徒を理解するための指針が示されています。以前は「アスペルガー症候群ではないか」という情報で共有していた児童・生徒の実態が、「自閉症スペクトラム」という新しい概念に包括され、その面での実態分析が必要になることや、「ADHDを併発している」「2次障害として反抗挑戦性障害が見られる」など、より子どもの実態を詳細に見取って情報共有をしていく必要があります。

また、発達障害に関する不十分な知識理解によって、適切な指導ができていないにもかかわらず、「あの子は発達障害ではないか」と誤った判断をしてしまい、指導側の困り感が強調されてしまうこともあります。

学校づくりで大切なのは、児童・生徒、教員、保護者それぞれにとって満足感の高い環境をつくり上げることです。そのために、教員の知識理解や経験が不十分であるならば、研修の場を設定することが必要です。保護者の理解が不十分ならば、保護者会や学校公開時にスクールカウンセラーや児童心理の専門家による研修会を設定するなどの工夫が必要です。児童・生徒の自己肯定感が低いことによる不適切な行動であるならば、三者面談などの場が必要かもしれません。

状況を分析し必要な対策を立てて実施するために、特別支援教育推進の働きかけが教頭・副校長に求められています。

67 児童・生徒と関わる

▼教頭・副校長の立場だから見える子どもの様子を捉える

教頭・副校長の職にあると、日常的な学校巡回を通して担任が見ていない児童・生徒の様子を目にすることができます。授業観察などの際の教室内での児童・生徒の様子とは違った別な面を見ることができます。

また、スクールカウンセラーや用務主事などから寄せられた情報をもとに、教室外での子どもの状況を把握することもできます。担任にとっては自学級の子どもとの一対一の関係からの情報でも、複数の視点からの情報を複合的に捉えていく中で新たな気づきが得られることもあります。

担任を飛び越え、教頭・副校長として積極的に指導に関わるのは特別な場合ですが、日常的な情報収集としてさまざまな機会を捉えて児童・生徒の様子を見て、関わりを深めるようにしていきましょう。

「百聞は一見にしかず」とも言います。まずは自分の目で多くの情報を集めようとする姿勢も学校づくりでは大切です。

保護者とつながる

▼保護者は学校からの情報を待っている

教育活動を進めていくうえでは、保護者の協力が欠かせません。どんなにすばらしい内容の活動であっても、その価値を理解してもらえていないと魅力が半減します。学校からの情報発信をどのようにしていくかをマネジメントすることも、教頭・副校長が学校づくりを進めていく大切な視点となります。

保護者は学校からの情報提供を待っていますし、多くの情報を知りたがっています。確定した情報ではなくても、事前に伝えられることを伝えていくことによって協力体制が確立できたり、適切な行事運営ができたり、問題点の解決に向けた取り組みが進んだりすることもあります。

また、後から知るよりも、すぐに知る方がよりよい関係性を生み出すことにつながることが多いものです。そして、それらの積み重ねが、学校と保護者とのよりよい関係につながり、学校づくりに役立つのです。

68 全体に向けた情報発信を工夫する

学校から保護者全体へ情報発信をする際には、さまざまな家庭環境があるということを念頭に置く必要があります。三世代同居するような大家族もあれば、親子3人というような核家族もあります。共働きといってもその働き方は多様であり、日中が勤務時間の場合もあれば、夜間が勤務時間の場合もあり、勤務時間が流動的な場合もあります。

学校から情報発信をする際にはさまざまな場合を想定し、「①緊急度」「②必要度」「③優先度」などを精査して伝えていく必要があります。

▼さまざまな家庭状況に配慮し、伝え方を工夫する

教育委員会、首長部局、その他多くの機関から、ほとんど無制限と言ってもよいような情報（多くはパンフレットのようなものですが）を、保護者に配付するように依頼があり、子どもたちは毎日のようにたくさんのプリントを持って帰っています。そして、このような傾向は今後も減りそうにありません。

そんな中で、学校からの情報発信の一つとして配付したプリントが、きちんと期限までに保護者の手元に届いているかを考えると、不安なところがあります。また、実際に保護者か

ら「配付されたプリントが届いていない」などの問い合わせを受けたことは何度もあるでしょう。

保護者とつながるための情報発信で重要なことは、「①緊急度」「②必要度」「③優先度」を十分に考えることです。「4日後に締め切りとなる文書を配付したが、保護者がそれを見たのは締め切り日の夜だった」というのでは困りますし、見なかった保護者が悪いと責任転嫁をするのは適切ではありません。さまざまな家庭状況があることをふまえて、重要な情報は伝え方の工夫をすることが必要です。

▼年度当初に文書配付のルールを周知する

「右上に太い油性ペンで赤と青の印をつける」など、重要度等の高い文書の配付のルールを年度当初に保護者にも子どもにも周知し、子どもに「右上に赤と青の印がついたプリントは必ずその日のうちに保護者に渡すこと。渡すときにはプリントの一番上に乗せて渡すこと」などを徹底すると、「必要なことは確実に渡るように工夫してくれている」と保護者からの信頼感が増すことにつながります。

一手間は増えますが、印刷担当者が印刷の終わった紙の束を机の上に置き、一気に油性ペンで縦に太く線を引けば済むことですから、かける手間よりも効果の方が高い手法です。これは、多用しては効果が半減するので、どの文書に印をつけるのかを精査していくことが必要です。

また、保護者あてのメールシステムなどが整備されている場合には、「重要配付物の確認」などの内容で、重要度の高い文書を配付したことを周知する方法もあるでしょう。保護者に「学校は自分たちへの情報提供を重視している」という感覚をもってもらえるようにすることが大切です。

69 個別の情報発信に配慮する

▼個にかかわる情報は、できるだけ早く当事者へ伝える

近年のＳＮＳによる保護者間の情報共有量は、莫大なものであると言われています。何か問題があると、不確定な噂話がさも確実な情報のように拡散され、学校がその対応に追われてしまうということも少なくありません。

大昔の井戸端会議であれば、不確実な情報をもとにした話をしていても「○○ということも考えられるわよね」など複数の視点での情報交流が多かったものですが、ＳＮＳによる情報は一方的な情報発信とそれに対する同意が中心となっており、内容を精査する場としての

機能を有していないと言っても過言ではありません。

そのような状況をふまえて、個にかかわる情報はできるだけ早く当事者である保護者に伝えるようにすることが重要です。

▼けがに関する情報は、児童・生徒の帰宅前に伝える

けがなどで学校から通院させた場合や、帰宅後通院を要する状況の場合、けんかなどにより相手方がけがをした場合などは、児童・生徒が帰宅する前に保護者に状況を伝えることが重要です。

日常の状況を最も把握している担任が連絡の窓口となることが多いですが、放課後しばらくして確認すると、「下校させたのでこれから電話しようと思っていました」という回答が返ってくることもあります。場合によっては養護教諭や学年主任、生徒指導主任、教頭・副校長が第一報を伝えておき、「詳細は後ほど担任より伝えます」とすることも必要です。

必要に応じて連絡票を整備して「第一報で伝えるべき内容、伝達者、伝達日時」などを記録しておくと、立場の違う教員が同じ内容を何度も保護者に伝えなくても済むという利点もあります。

早い情報提供をすると、保護者に自分の子どものことをよく考えてくれていると思っても

らえ、信頼関係を培うための大切な要因にもなります。後から情報提供されても、「結局後回しになったのね」と思われてしまいますが、すばやい情報提供は、「うちの子どものことをこんなに心配してくれていたのね」というよい感情を生み出し、その後の関係がよくなることが多いものです。

▼特別な支援を要する児童・生徒の情報の扱いは、組織として対応する

特別な支援を要する児童・生徒に関する情報は、高度な個人情報を含む内容ではありますが、保護者と確実に情報共有をしていかなくてはなりません。保護者によってはそのような情報を、自分の子どもに対する悪口と受け取ってしまうこともあります。

いつどのような情報を伝えていくのか、どのような段階を踏むのかなどを、担任任せではなく、校内委員会などの組織として対応するようにし、必要な支援が確実に受けられるように体制をつくる必要があります。校内委員会は、特別支援教育コーディネーターを中心に運営されていきますが、教頭・副校長としてよりよい特別支援教育が推進できるように積極的に関わっていきましょう。

「事後報告ではなく事前相談」ということを特別支援教育コーディネーターに伝え、意図的な運営ができるようにしていくことが学校づくりでは大切です。

70 保護者には、日常から挨拶と声かけをする

日常的に学校に来る保護者は、ＰＴＡ等の役割で来る場合と、子どものことが心配で様子を見に来る場合に大別されます。忘れ物を届けに来たり、提出物を持って来たりすることもありますが、その場合は来校の頻度は高くありません。

▼積極的な声かけで、早めの対応ができる

どちらの場合にも、できる限り早く顔と名前を覚えて学校側から声かけをすることが重要です。ＰＴＡ活動で来校する場合には目的も明確ですから、「お仕事進んでいますね」などの前向きな声かけで活動ぶりを評価し、「何かお手伝いすることはありますか」という言葉で関心をもっていることが伝えられます。

子どものことが心配で学校に来ている様子が感じ取れたら、「お子さんはいかがですか」「何かお困りですか」などの声かけをして、保護者からの情報を引き出していきましょう。必要な役割以外で保護者が学校に来たときは、何か問題を内包しているということを想定して対応するためにも、進んで声かけをしていく習慣が重要となります。

声かけをするということは、学校がその保護者のことを意識しているということの意思表

示であり、保護者との関わりを増やすことにもなります。時間が経って対応がむずかしくなった段階で、保護者から「実は……」と聞くよりも、積極的に関わっていくことで早め早めの対応ができるようになります。

▼困っていることを出してもらい、フィードバックを大切にする

声かけをした後は情報収集が中心となるので、保護者の話をしっかりと聞くことです。学校側の立場を説明して説得することよりも、困っていることを出してもらうことに主眼を置いた対応が重要です。

話の進み方によって回答を求められても、「お話を承りました。情報提供ありがとうございました」と、まずはその場を収め、実際に対応したときに「○○のようにしました。その後の様子をご覧になり、お気づきのことをお知らせください」と、情報をフィードバックするようにしましょう。

保護者がもやもやしたものを心に残しながら子どもを見ることは、学校への信頼関係を損なう要因になります。悪いところがより悪く見えてしまうからです。そうならないように、保護者の思いを出させる機会をもつための、積極的な声かけが重要です。

そして、声かけのきっかけは挨拶です。日常から校内での挨拶を進んで行っていれば、

「おはようございます、○○さん」「こんにちは、○○さん」という声から会話を進めることができます。

PTA・保護者との関わりを改善する

今、学校において児童・生徒への学習指導以外で最も時間をかけていることは、保護者対応と言えるかもしれません。社会が変化し、保護者の考え方も多様化してきている時代にあって、旧態依然としたシステムでさまざまな学校活動を行っていこうとするところに無理が生じているとも言えます。児童・生徒が家に帰れば保護者が常に出迎えてくれるという状況は、共働きでしかも核家族化の進行した現代では夢物語に近くなっています。

保護者との連絡が勤務時間をはるかに過ぎた夜遅くになってしまうとか、保護者からの電話連絡が夜9時を過ぎていたり、週休日に「○○先生をお願いします」などの問い合わせがあったりという状況が当たり前のようになっている学校も多いようです。業務改善を行うには、関わり方の改善が必要です。

71 PTAとの関わりを改善する

▼必要な情報を聞かれる前に出す

ＰＴＡ組織は学校の強力なサポーターです。さまざまな教育活動を進めていくうえで、欠かすことのできない組織ですが、構成する保護者が平日には仕事があるため、運営のための会合が夜や土日に行われることも増えてきています。その会合への参加要請があれば管理職として出ざるを得ない状況もありますから、その関わり方を改善していくことが必要になってきます。

夜や週休日の会合には一切出ないという対応もありますが、それでは、学校側からＰＴＡへの協力要請を快く引き受けてくれる関係は構築しにくいので、何らかのアクションが必要です。

ＰＴＡの役員との事前打ち合わせをしっかりと行うなかで、ＰＴＡの要望を知り校内調整をすることや、学校側の予定をしっかりと伝えることで無駄なブッキング調整を省くこともできます。必要な情報を聞かれる前に出すという姿勢が、「学校側も協力してくれている」という意識をもってもらうことにつながります。

▼無理な出席は、後任者の業務改善を阻害する

管理職であれば、PTAの会合への出席依頼があったときには、何らかの予定が入っていても調整をして出席するように努めるでしょう。会合に出席しているという事実が大きな意味をもちますから、調整がつく限り出席することが円滑な学校運営に役立つのは言うまでもありません。

しかし、無理な調整をしてまで出席するということは、減らす必要があります。自分はできても、次に着任した教頭・副校長は無理な調整ができないかもしれないという想像力を働かせることです。一度、「教頭・副校長は参加するもの」という道筋ができてしまうと、その後はPTAも「それが当たり前」という認識になります。つまり、自分の後任者の業務改善を阻害することになるのです。「前任者は必ず参加してくれていました」と言われると後任者が断るのはむずかしいものです。業務改善は、自分自身の業務改善という視点だけではなく、「職」としての業務改善を意識して行うことが必要です。

▼出席できない場合は理由を伝え、事前打ち合わせを綿密に行う

また、事前打ち合わせの段階で会合の日程が示されたときには、手帳を繰りながら「すでに予定が入っています。調整をしますが参加できないときはごめんなさい。事前打ち合わせ

をしっかりしましょう」と正直に伝えることが必要です。ただお断りをするのではなく、話せる範囲でその理由を伝えることも、理解を得るためには重要です。

事前打ち合わせをしっかりとしておき、当日は座っているだけという状況になれば、PTAの方に「無理して参加してもらわなくても、事前打ち合わせをしっかりとすれば十分だったな」という印象をもってもらうことができ、今後の参加の仕方を変えることにもつながります。

72 保護者との関わりを改善する

近年は保護者対応のために学校の業務量が増えています。教育内容に対しての適切な意見をいただけることは、学校改革に向けて必要なことであり重視すべきことではありますが、そうではない場合には業務改善とならない対応を強いられることになり、学校という組織全体のモチベーションを下げることにつながってしまいます。

▼怒りの感情、負の感情をそのままぶつける保護者が増加

たとえば、「うちの子が学校に行きたくないと言っている」との申し出があり、よく話を

聞くと「先生が頭ごなしに怒るので先生が怖いと言っている」という訴えなので、教員や学級の児童に状況を確認すると「〇〇さんは、授業中に筆箱から不要なものを出して遊んでいたり、他の子にちょっかいを出したりしているので、やめるように教師から指導された」という事実が浮かび上がってきます。保護者は、自分の子どもから聞いたことを事実のすべてと理解し、自分の子どもが学校に行きたくないと言うのは学校の対応が悪いせいだと考えているわけです。事実の積み重ねをしない状況で怒りの感情が高まり、何とかしようと躍起になる保護者の姿勢が見えてきます。

「運動会でうちの子が3位にされたが、本当は2位だった。きちんとビデオで判定すべき」「展覧会の作品が何を表現しているのかわからないので詳細な解説を出すべき」など、保護者が自分の視野や視点において感じたことで起きる負の感情をそのまま学校にぶつけることも増えてきました。

「うちの子がけがをしたのに、学校からは何の連絡もない」という苦情も、実際には電話連絡をしても電話に出ないだけではなく留守電にもならないという状況であったり、夜遅くにしか電話が通じないためその時間まで担任が待っていたりということもあります。

▼教頭会・副会長会がまとまって、教育委員会に要望を出す

個人的な感情を優先し、自分の納得のいく答えが返ってくることが当然と考えている保護者との関わりがむずかしくなっており、その対応のために学校の業務が増えてしまっています。

学校の電話に留守電機能をつけて午後7時以降は電話に出ないようにしたり、学校から保護者への連絡も極力勤務時間内に済ませるようにしたりして、勤務時間外の対応を減らそうとする取り組みをしている地域もあります。しかし、学校が単独でできることには限りがあります。

留守電機能の設置などは、教育委員会にしてもらうしかありません。それぞれの教頭会や副校長会がまとまって教育委員会へ「働き方改革に必要」と要望を出すことで、実現をめざす必要があるでしょう。

▼事実の記録を積み重ねることで、対応時間の減少につなげる

学校でできることは、事実の積み重ねです。さまざまな問い合わせに対して力を発揮するのは、一人の児童・生徒の視点で見た事実ではなく、複数の視点で見た事実です。客観的事実の積み重ねが、保護者を納得させる材料になります。記録を重ねることは短期的には業務

を増やしますが、中期的には無駄な対応時間を減らすことにつながります。

地域とつながる

学校は、地域に開かれた場である必要があると言われます。日常の学習活動や各種行事など、それまでの学習の成果を発表する際にも、学校だけではなく地域の方々の評価を受け止め、よりよいものをめざす必要があります。

しかしながら、地域に開かれた学校にしていくためには、地域とのつながりをいかに学校が大切にしているかをアピールする必要があります。待ちの姿勢では学校の意図が伝わらないこともあるのです。

73 学校行事で地域にアピールする

地域の方に学校のことを知ってもらう一番の機会は、学校行事です。運動会、音楽会、学習発表会、文化祭、体育祭など学校には多くの学習の成果発表会があります。また、入学式や卒業式など日常とは違った子どもたちの側面を見ていただく機会もあります。

▼いかに事前情報を地域に伝えていくか

日頃からよく学校に来てくださる、目の肥えた方であるならば、その日の子どもの様子や作品などから日常の様子を想像してくださいますが、行事だけにお出でくださる方は、その日の状況のみで学校を評価することになります。

地域の方の評価は、学校行事を内部のみで運営して自己満足に終わらないためにも重要な視点ですが、その場だけの情報では、地域の方の見る視点は一面的にならざるを得ません。いかに事前情報を地域の方々に伝えていくかが課題となるのです。

学校からの情報発信には、学校通信、ホームページ、学級通信、各種の便りなどがあります。保護者や在籍する児童・生徒の祖父母であればそれらの手段を使って情報発信をすれば済みますが、そうでない場合には、なかなか意図した情報が伝わらないものです。

▼教頭・副校長からの「口コミ」での情報発信を活用する

そんなときに力を発揮するのが「口コミ」です。学校評議員や町会長、町会役員や青年部、地域の商店主など、各種情報の発信源になってくれる方はたくさんいます。折に触れて顔を出したり、出張帰りに訪れたりし、そこで雑談を交えていろいろな情報提供をすることにより、想像以上に地域に情報が伝わっていくものです。

「まだきちんと決まったことではありませんが、事前にお伝えした方がよいと思いまして」と特別な情報提供をしているという形で伝えたり、「○○という取り組みをしていこうと思いますので、お知り合いの方にお伝えいただければ幸いです」などと伝えたりすることで、「行ってみようかな」「今度○○会の会合で伝えておこう」と行事への参加や、情報の広がりを期待することができます。

教員に口コミの発信源を期待しても十分ではありません。管理職から伝えられる情報だからこそ、そこに価値を見出すという面もあります。足繁く通い情報提供をすることで、「学校は自分を大切にしてくれている」と感じてくれる方も多くいます。顔をつなぐことの効果が見られることで、よりよい学校づくりに向かいます。

74 地域の方の家まで足を運び、要件を伝える

▼地域の重鎮をおさえる

学校を支える地域には、その地域に顔の利く重鎮が必ず存在します。この方を通せば多く

のことがうまくいくが、事前に了解を得ないと対応がむずかしくなるという方です。自治会長であったり、商店会の顔役であったり、青少年対策委員会のトップであったり、とくに役職はないが地域に影響力のある方であったりと、どんな方であるかはその学校の立地している地域によってさまざまです。

多くの地域が「おらが村の学校」という意識をもっていますから、地域の重鎮である方は、学校に協力的であることが多いです。しかし、それに甘んじているわけにはいきません。何かあったときはもちろんですが、普段から教頭・副校長として顔をつなぐ習慣をもつことが重要です。

学校からの配付物は郵送で、ということも多いですが、「近くに用事があったので寄ってみました」と、機会を見つけて家にうかがい、直接手渡しながら玄関先で雑談をすることも信頼を築く一歩です。家まで足を運ぶことで、自分が学校から大切にされていると感じてもらうことができます。

▼細やかな情報を事前に伝える

学校行事のときなどは「今度○年生が△△に挑戦しています。□□が見所ですね」などの事前情報や、「▽▽がうまくいかず困っているようですが、本番での出来を期待していてください」と伝えていくなど、こまめに情報を伝えることで関心を高めていくことができますし、その方を起点として学校への関心を高め、協力体制を得ることができます。

また、少々気むずかしい方でも何度も家まで足を運ぶことで、気さくに打ち解けて相談に乗ってくれるようになることが多いものです。気むずかしい方であるからこそ、細かい関わりを欠かさず、伝えるべき情報を事前に伝えることが重要です。

「了解を得なければ、説得しなければ」と考えずに、気楽に相談に乗ってもらうというスタンスで、情報は忘れずに伝えるという構えが必要です。

75 地域の力を活用する

日常の学習活動は、児童・生徒と教職員がつくりあげていきます。多くの場合、教室（特別教室や体育館、校庭などの学習の場）の中で完結することになります。学習活動は学習指導要領に即して適切な目標設定をし、きちんとした内容の学習を行うことで成立するものであり、児童・生徒と教員がその主体だからです。

しかし、学習活動を深めていくためには、外部の方の知見を活用したり、学校外の方の知恵を学び取ったりすることが有効であることは言うまでもありません。

▼外部の力を適切に活用する

地域学習で校外の商店に出かけて学習することや、英語学習を地域のボランティアの協力を得ながら進めていくことなども当たり前のように行われています。最近話題となっているプログラミング教育を進めるに際して、専門家としての知識を地域の方から学ぶ機会も今後増えていくことでしょう。

教室が学習の場となるためには、「教育の専門家としての教員が教える」ことから、「児童・生徒の学びの場をコーディネートしていく」ことへの変化が求められます。そのためには、外部の力を適切に活用していくことが必要です。

▼事前の準備と今後につなげていくための配慮

学校にはたくさんの講師を招聘するほどの予算は潤沢にはありませんから、おのずと地域の力を借りることになります。「○○の学習を進めるときには、△△さんにお願いしよう」と考えるためのデータベースづくりや学校支援地域本部のコーディネーターとの密な連絡も必要になります。

参加された地域の方が満足し、また来てみようと思えるようにすることも大切なポイントです。お願いしただけで前日まで何の連絡もなかったということで気分を害されてしまうこともあります。教頭・副校長がいわばコーディネーターを統括する役割を果たさなければならないこともあるのです。今後につないでいくためにどのような配慮が必要かを常に考えることが必要です。

76 教職員を地域の行事に積極的に参加させる

学校が立地する地域にはさまざまな活動があります。そして、その活動を行っていく際には、学校の協力を期待しているものです。2007年に策定された「仕事と生活の調和（ワーク・ライフ・バランス）憲章」が注目され、勤務時間外の仕事は憚られる傾向になっていますが、地域の協力を得て学校教育を行うためには、学校は地域の一員であるという意識をもって活動しなくてはなりません。

▼地域・保護者の期待を汲み取る

地域の重鎮の方々は「おらが村の学校」と思っていますから、「おらが村の行事」には、学校の教職員にも参加してほしいと願っています。「○○先生は通勤に1時間半もかかるから地域の行事には出られなくても仕方がない」「△△先生の地元でも同じような行事があるからこの行事には参加できない」と考える地域の方は少ないものです。

それは、子どもの保護者も同じです。学校に行けば教職員がいるわけですから、みんなが一生懸命につくりあげていく地域行事で、教職員とも一緒に過ごしたいと思うわけです。

地域行事は土日の開催が多く教育課程の内容ではありませんから、勤務として参加を強制するものではありません。しかし、教職員の参加を期待している地域の方が多数いることを伝え、短時間でも積極的に参加させていきたいものです。

▼地域行事に参加することのメリットを伝える

地域行事に参加することで、地域の中での子どもの様子を知り、児童・生徒理解や学習に生かせる情報が集められ、児童・生徒との関わりを増やすことでより効果的な学級経営や授業展開が期待できます。時には生活指導上の新たな情報を得ることもできます。

また、「子どもたちが参加している会だから、行って応援してきたらどうかな」「今度授業で協力してくれる○○さんがいるから、挨拶して顔をつないでおいた方がいいと思うよ」など、参加することで得られる今後のメリットを伝えることで、教職員に自発的に参加しようとする意識をもたせることもできます。

子どもたちの活動を実際に見ることで、次の日にそのことを話題にして声かけもできますし、外部指導講師としてお出でいただいた際には「○○のときには……」と話題をつなぐことができ、円滑な運営に役立ちます。

人とのつながりは、理詰めではなく情が優先します。「○○先生だから」と思っていただくことで円滑に進めることができたり、多少の無理が利いたりします。

▼地域行事への参加は、教員と地域の適切な関わりをつくるため

地域行事の参加は、一部の教職員だけではなく、どの教職員にも声かけをしていくことが必要です。また、ミドルリーダーの教員から「参加してみないか」「1年間に一度は出ようよ」と声かけをしてもらうことも効果的です。1年に一度ならなんとか参加できるという教職員もいるはずです。「誰かが出ているから、自分は参加しなくても……」という雰囲気をつくらないように配慮することが重要になるでしょう。

また、双方ともにWin－Winとなるようにするためには、どのように対応したらよいのかを考えることも重要です。自分の側に都合よくというのではなく、「何かをしてもらうならばまず自分から何かをする」という意識を教員のなかに育てる必要があります。

先の長い話になるかもしれませんが、教員と地域の適切な関わりをつくるために気を配ることが、学校づくりにつながっていきます。

地域との関わりを改善する

さまざまな学校行事や学習活動へのサポートなど、学校は多くの地域人材の力を必要としています。また、施設開放などで地域の方との関わりも多くありますし、地域行事への参加依頼もあり、教頭・副校長はその対応に追われる日々となっています。

▼適切な窓口のあり方の検討も必要

地域のさまざまな方との対応の際、どこか一つのところが窓口となっていれば教頭・副校長の業務の軽減も図れますが、実際にはそれぞれの団体が対応を求めてきますので、なかなか思ったような業務軽減を図ることができないのが現状です。

対応の窓口を絞り込むことは、そこに情報が集中しますので全体の情報把握がしやすくなる反面、絞り込まれた窓口役の負担が増加するとともに、情報の集約や伝達に時間がかかってしまいます。適切な窓口のあり方を検討することも、教頭・副校長の業務改善という視点では必要です。

77 学校支援地域本部を活用する

2008〜2010年度まで文部科学省の委託事業として実施された「学校支援地域本部」は、その後も各地で「学習活動支援」「環境整備」「学校行事支援」「登下校安全指導」「部活動支援」など発足当時の形で、あるいは形を変えて継続されていますが、その根幹となる「地域が学校を支えていく」という思いは綿々と継承されてきています。

▼学校支援地域本部の目的を忘れない

学校支援地域本部は、「地域で学校を支援する仕組みづくりを促進し、子供たちの学びを支援するだけでなく、地域住民の生涯学習・自己実現に資するとともに、活動を通じて地域のつながり・絆を強化し、地域の教育力の向上を図る」というねらいが掲げられており、本来は学校の業務改善を目的とした活動ではありませんので、その目的を忘れないように関わっていくことが重要です。

はじめから業務改善をねらった関わりはうまくいきません。活動を進めていくなかで、結果として学校の業務改善につながっていったということでなければＷｉｎ−Ｗｉｎの関係が構築できませんし、長続きもしないのです。

▼支援コーディネーターとの細やかな連携がカギ

「学校支援地域本部」の活動の中心を担うのは、支援コーディネーターです。コーディネーターの情報収集力や行動力によって、「学校支援地域本部」の活動が活発になるか停滞するかが左右されます。

また、学校側が「コーディネーターは別組織の方」という意識で接していると、本来サポートしてほしい内容と違った方向に向いてしまうこともあります。何を求めているのかをしっかりと伝えて、学校のニーズに合った活動をしてもらうことが、コーディネーターのやりがいにもつながります。

学校がどんな人材を求めているのかを、今後の見通しも含めてコーディネーターに伝えていくことと、地域で学校と関わりをもちたいと思っている人材の情報をコーディネーターから聞くことの繰り返しで、「学校支援地域本部」の活動が学校に寄り添ったものに近づいてきます。

コーディネーターが学校と地域との適切な橋渡し役になるように関わることで、教頭・副校長がさまざまな情報収集や調整をしなければならないという状況から、学校運営に重きを置くことができるようになっていくでしょう。急がば回れということかもしれません。

78 町会・自治会・商店会等との関わりを改善する

学校との関わりが深い組織として、町会や自治会・商店会等があります。地域行事を主催する組織でもありますから、児童・生徒の健全指導に大きく関わっています。

▼丁寧に対応することが、業務改善につながる

各町会・自治会・商店会などはそれぞれ独立した組織ですので、誰かに伝言を頼むというわけにもいきません。手間はかかりますが、一つひとつ重要な組織であると考え丁寧に対応していくことが必要です。

手間を惜しんだ結果不義理なことになってしまっては、その関係を修復するのに数倍の手間がかかります。今構築されているよい関係を維持していくことも、今後の業務量を増やさないための業務改善と言えます。

▼できること・できないことをはっきり伝える

町会・自治会・商店会等からの依頼事項のすべてによい返事をすることが重要ではありません。言下にお断りをするのでは礼を失しますが、ある程度正直に学校の実情を話し、「協

力できるのはここまで」と伝えていく必要があります。腹を割って話せば意外と納得してくれることも多いものです。

その際には、「ここまで行うと、日常の教育活動に支障が出る」という視点で話をしましょう。いくら町会・自治会・商店会でも、児童・生徒にかかわりのないことまで学校に持ち込んでくることはありません。何をどこまでという見極めが、学校の業務改善につながっていきます。

79 スポーツ団体・文化団体との関わりを改善する

▼各種団体と公平・公正に関わる

子どもたちはいろいろな種類の地域のスポーツ団体や文化団体に所属しています。その指導者はたいへん熱心に指導に当たっていて、学校との密接な関係を望んでいる場合も少なくありません。

学校施設を頻繁に利用していて、関係が密な場合もあるでしょう。しかし、ある特定の団体にのみ利便性を図っていたり、懇意にしていたりすると思われるのは好ましいことではありません。

暗黙の了解のようになっていることがあったら文字化しておき、別の団体にも同じように対応することが必要ですし、学校にかかわる重要なルールは団体の責任者に集まってもらって協議することも大切です。

このような取り組みを続けていくことが、業務改善につながるでしょう。

5章　学校を改善する

学校を変える

昨今の教育関連の話題として、「働き方改革」の推進や「子どもと向き合う時間の確保」が出てきています。世間でも教員の勤務実態についての理解が進み、教員の勤務がブラックであるという認知も広がっています。

保護者から管理職へ、「先生方の休みはあるのですか」という心配の声が寄せられるようになってきました。地域の方からは、「夜遅くまで学校に電気がついているけれど、早く先生たちを帰してあげられないのですか」という質問を管理職が受け、「残業しろと命じているわけではないのですが、仕事が終わらないため仕方なく残っているのです」と言い訳じみた答えをしなくてはならないことも増えてきました。

超勤4項目に該当しない限り、どの学校の管理職も強制して勤務時間外の勤務を命じることはありません。しかし、中学校の部活動指導や対外試合など、教員が関わらなければならないことは多々あり、また個人情報保護の観点から学校外への持ち出しを禁じるものが多く、勤務時間外でも学校で仕事をしなくてはならないことがたくさんあります。

そして、そのような教員がいることで、教職員を管理する管理職の勤務時間も日々延びてしまっているのが現状です。このような状況を改善しない限り、「働き方改革」も「子どもと向き合う時間の確保」も画餅となってしまいます。

80 教職員の意識を改革する

学校に配置されている現業系職員は、きちんと勤務時間を守って職務を遂行しています。「勤務時間中はしっかりと仕事をし、定時に退勤して次の日に続きをする。行事等で超過勤務を命じられればその分しっかりと働き、加算された超過勤務手当をもらう」という勤務は、労働者として適切な勤務状況であろうと思います。

教員は、超過勤務手当に相当する「教職調整額」により、いくら残業しても超過勤務手当は支払われないことになっています。しかし、このことにより、本来であればもっと効率的に行える業務に時間をかけすぎることにつながってしまう可能性があります。

▼「給与に見合うパフォーマンスを出す」という意識への変革

教育の世界は、企業に比べてコスト意識が低いと言われています。利潤を追求する活動ではありませんし、教育活動の成果は数値化できないものが多いですから、端的に成果を具体像として示すことがむずかしく、「がんばり」「意欲」などの目に見えないことを指標として説明することが多くなってしまうため仕方がないことではあります。

月の給与が25万円である教員の時給はいくらでしょうか。概算ですが、時給1500円程度です。毎日2時間残業をすると、時給は1300円に下がります。熱心に仕事をしながら自分の価値を下げているのと同じです。金額で割りきれるものではないわけですが、「給与に見合うパフォーマンスを出す。そのために時間内に全力で取り組む。無駄な時間を減らす」という意識を全教員がもったら、仕事の進め方も変わるかもしれません。

▼会議時間の明確化、提出期限の厳守等、具体例を通した意識改革を

会議の遅刻は企業では許されませんが、「子どもの指導をしていました」という理由で会議の遅刻を容認する意識が、学校現場にはあるように思います。一人の遅刻により会議の開始が遅れた場合には、時給×参加人数の給与を無駄にしているわけです。

一人ひとりがコスト意識をもって職務を遂行する必要があることを、管理職が積極的に職員に意識づけていく時期にきているように思います。また、会議の開始時刻と終了時刻を明確にし、遅刻者がいても時間には会議を開始するという体制づくりも必要になります。

期限にルーズで、提出物の期限が守れない教員の場合も同様です。全員の分が揃わないた

めに学校としての書類の提出が遅れるなどは言語道断であることや、そのために提出先に迷惑をかけていることを意識づけ、提出が遅れた教員に自分の足で提出先に持参させるなどの対応をしていくことも時には必要でしょう。

教頭・副校長が常に優しい顔をしないこと、心を鬼にすることも重要になると思います。具体例を通した地道な教員の意識改革が、学校全体の業務改善につながっていきます。

81 やりがいを追求できる職場をつくる

「やらねばならないこと」「やりたくないこと」が目の前にあり、その処理に追われると疲弊していきます。「やりたいこと」「やりがいのあること」を追求しているときには、それほど疲れは感じないものです。

しかし、教育現場は仕事場ですから、教員のしたいことばかりが目の前にあるわけではありません。やりたいことばかりを追求するような教員がいたのでは、周囲の教員はたまったものではありませんし、学校現場全体が疲弊してしまいます。

また、一人ひとりのしたいことは違っていますから、その共通項を探し出し調整を図っていくことをしていては、今度は教頭・副校長が倒れてしまいます。

▼共通して取り組める目標を設定する

教職員全員が共通して取り組むことのできる目標を設定することができれば、職員集団の意思疎通も図りやすくなりますし、「やりがい」も生まれてきます。そのような目標設定に力を注げれば、教頭・副校長としての「やりがい」につながっていくでしょう。

研究奨励校や研究発表会などはそのために有効な手法となりますが、全教職員が一枚岩になって進んでいくにはさまざまな段階を経なくてはなりません。研究推進委員長をやる気にさせ、研究推進委員会のメンバーを鼓舞し、若手教員の相談に乗り、ベテラン教員の知恵を引き出すなどの働きかけが必要です。

また、主幹教諭や各主任に自覚を促す関わりも必要になります。そうした関わりを通して、それぞれの教員のやる気を引き出していくのです。教頭・副校長は見た目ではサポート役であり、縁の下の力持ちとしての役割を果たすことになります。

▼教頭・副校長としてのやりがいを見出す

そのような役割に「やりがい」を見出すことが、教頭・副校長の醍醐味です。日の当たる役割ではありませんが、職員を掌で転がしていくことに楽しみを見出せるなら、そこに教頭・副校長としてのやりがいを感じることができるでしょう。単なる仕事減らしではなく、やってよかったと教職員に感じさせ、充実感を見出せる職場づくりは、学校運営の要である教頭・副校長にしかできないことです。

自分の職責に自負をもち、自覚と責任を果たそうとしていくならばきっと、すべての教職員が自らの手でよりよい学校づくりに向けて業務改善をしていくようになるでしょう。楽をするためではなく、自分のやりがいを見出していける職場づくりに、教頭・副校長として努力していくことが期待されます。

教頭・副校長の業務を改善する

教員の長時間労働の改善が課題となっているなかで、平成31年1月に中央教育審議会において「新しい時代の教育に向けた持続可能な学校指導・運営体制の構築のための学校における働き方改革に関する総合的な方策について（答申）」がとりまとめられました。そこでは、学校現場で負担となっている事項の分析と対応についての提言が示されています。

文部科学省からの調査等もいくぶん少なくなりましたが、実際の学校現場では、教頭・副校長、教員の負担は一向に減っていない現状があります。

教頭・副校長が敢然と業務改善をするためには、業務内容を精選しなくてはなりません。多種多様な仕事を抱え、その処理に日々追われている状態では、改善の方向性さえ見えなくなってしまいます。仕事をどのように進めるのかについて見直しをしていくことが必要なのです。そのためには、仕事の処理に緩急をつけたり、内容の軽重を判断したり、他の職員に任せたりしていくことが重要になります。

82 事務処理は一気に行い、事務処理をしない時間をつくる

▼一つひとつにその場で対応していては、仕事は終わらない

処理が必要な案件は、毎日のように学校に届きます。その案件の窓口になるのは、教頭・副校長です。学校基本調査などの重要な調査から家庭に配付するパンフレット、電話対応、郵便物・ダイレクトメールを含めると、1日100件はくだらないでしょう。年度初めの多いときには500件を超えることもあります。

しかも、五月雨式に教頭・副校長のところに押し寄せてくるのですから、一つひとつにその場で対応していたのでは、仕事はいつまでたっても終わりません。細かい数字に気を遣う処理をしていたら、教育委員会から緊急の処理要請の電話がかかってきて、途中だった仕事

は結局、再度やり直しになったという経験のある教頭・副校長も多いと思います。

▼事務処理をしない時間帯をつくることで気分を切り替える

新任の教頭・副校長はどんな仕事でも毎日その処理の経験をしていくしかありませんが、ある程度慣れたら、1日のなかで特殊な案件以外は事務処理をしない時間帯をつくり、気分を切り替えることが、最終的に効率化へとつながります。

事務処理をしない時間をつくることで気分転換になり、次の仕事に取り組むときに集中できます。どんなにがんばっても、人間の集中力はそれほど長くは続きません。「しなければならない」と自分を追い込むことで、結果として作業効率を落としてしまうことはよくあることです。

83 処理が必要な文書は、色別に分類する

毎日届く処理しなくてはならない文書は、いつの間にか目の前に積み上がっていきます。レターケースの各段に色分けや表示をして、その中に書類を入れることもあると思いますが、結局その段の中に書類が積み重なってしまい、段の下の方に処理されない書類がたまっ

てしまうことも多いのです。

▼優先度で分けた色付きのクリアファイルで分類する

人によってやり方は違いますが、私は処理が必要な文書を緊急度や処理優先度に分け、1文書につき1枚ずつの「赤」「黄」「青」の3種類のクリアファイルに入れることをおすすめします。「赤」はすぐに処理が必要なものや重要な処理案件の文書、「黄」は近日中に処理すればよいもの、「青」は処理の期限が先のもの、というように分けるのです。

それ以外のものは、回覧・供覧するものや保存すればよいものは「すぐ」にその処理をし、期限はないがなんとも判断できないものは「とりあえず」と表示されたファイルボックスに入れることにしていました。

1文書につき1枚のクリアファイルを使うのは、処理文書が紛れてしまうことを防ぐためです。そして、色のファイルの量によって、今自分がどんな処理をすべきかが視覚的にわかり見通しがもてるからです。ファイルはファイルボックスに立てて置くか、自分の机の横に色分けの状態がわかるようにして重ねて置きます。見えなくなってしまう状態にするのは、しまい込むのと同じですから厳禁です。

▼いつ、どの時間にどの文書を処理するかを考える

「それ以外」を先に処理するのは、無駄な処理に時間をかけず自分の手元から離してしまうことで、仕事内容を精選するためです。どうするかを考えずに済むものは即断即決です。

毎朝または帰り際に処理文書の量を確認し、いつ、どの時間にどの文書を処理するかを考えることも重要になります。赤を優先的に処理していきますが、黄や青にも留意して、必要があれば別の色のファイルに移し替えます。

ファイルケースを入れ替えることが重要なのではなく、文書を効率的に処理することが重要なのですから、入れ替えにあまり気を回さないことも大切です。

84 教職員に仕事を任せ、進行管理は細かく行う

▼仕事を任せることは、教職員の育成につながる

多くの教頭・副校長は、「仕事を振ったら、なかなか処理が進まない」「任せたら処理を忘れていて、期限が来てしまい、結局自分がすることになった」という経験をしたことがあると思います。時間があるなら、文書処理は自分でした方が、他人に任せるよりもよほど効率的です。

しかし、ここで大切なことは、「業務処理を任せることでその人を育て、最終的には学校全体の業務改善を行っていく」という視点を忘れないことです。教頭・副校長にしかできない仕事は自分でするほかありませんが、教員ができる仕事はどんどん任せて、学校にはこのような仕事があるのだと気づかせることも必要です。「組織として動いていくにはこんな仕事もしなくてはならないのだ」という意識をもたせることもできますし、教育委員会等がどのようなことを求めているのかを理解させる手段にもなります。

▼こまめに声をかけ、期限前に完成させる

同時に、「教員は指導に関係ない仕事を忘れがち」という特性があることを忘れてはいけません。期限になって「あの仕事終わった?」と聞くのは、できていないことを叱るために聞いているようなものです。

任せた仕事は、進行状況を確認するためにこまめに声かけをして、期限前に完成させるように仕向けます。そうすればその教員を褒める理由ができます。褒められれば、次もがんばろうという意欲が生まれてくるものです。同じ仕事をさせるなら、教員を乗せて仕事に向かわせましょう。

期限になって付け焼き刃のように仕事を処理させても、ミスが多く結局自分でやり直さな

ければならないという事態に陥ることもあります。お互いに楽をするための方策を考えることも重要です。

「業務改善は一日にしてならず」です。自分の仕事を改めて見直して、どこに問題があるのかを考えていくことが重要でしょう。

校務を改善する

教員の長時間勤務の改善が喫緊の課題となっていますが、新学習指導要領では授業時数が増えており、学校の業務量は減っていないので、勤務時間を従来よりも縮減することは一筋縄ではいきません。社会状況や家庭環境の変化により学校が抱える問題は増加の一途をたどっており、かけ声だけでは数字に表れない隠れ残業が増える一方で、これまで以上に学校現場がブラック企業化していくことになります。

▼現状でできるのは、教職員の意識改革と業務の効率化

教育基本法6条2項では、教育を受ける側に「学校生活を営む上で必要な規律を重んずる

とともに、自ら進んで学習に取り組む意欲を高めること」を求めており、10条には「父母その他の保護者は、子の教育について第一義的責任を有するものであって、生活のために必要な習慣を身に付けさせるとともに、自立心を育成し、心身の調和のとれた発達を図るよう努める」、12条には「学校、家庭及び地域住民その他の関係者は、教育におけるそれぞれの役割と責任を自覚するとともに、相互の連携及び協力に努める」と記されています。

しかし現状では「困ったら何でも学校に」という意識は変わっていないし、学校を取り巻く状況を改善するための地方公共団体の取り組みも、予算の壁に阻まれて進んでいません。現状でできる最大のことは、教職員の意識改革と業務の効率化ということになります。

85 分掌のあり方を考える

▼「一役一人」の校務分掌は非効率

単独の仕事は、責任をもった一人の担当者がすべての采配をすることが最も効率的です。行政職ではこのような仕事の仕方をしており、担当者が変わってもこれまでの仕事の記録と整備されたマニュアルがあれば、仕事が引き継げるようになっています。

しかし、学校ではその仕事を専任で担当する専門職はいませんので、教員が本務である教育活動以外に校務分掌として仕事を担当することになります。学級や教科の指導、児童・生徒指導、保護者対応、地域対応、部活動などと同時並行で仕事を進めていきますので、時として処理が後回しになります。「教育におけるそれぞれの役割と責任を自覚」していないさまざまな苦情で忙殺されることもしばしばであり、「わかっているけど今はできない」という状態になります。

根本的な解決策は学校の職員数を増やして、教員は教育活動に専念し、それ以外の業務は専任の担当者が行うようにすることですが、その段階には至っていません。

年度途中で担当者が不在になった場合、その業務を担当することになった教員は、記録とマニュアルを参考にして行うことになりますが、新たな学び直しになるので処理に時間がかかり、非効率です。

▼分掌の「チーム化」でバックアップが可能になる

そこで重要になるのが「チーム化」です。校務分掌が「一役一人」から「複数分担制」に変わってきているのも、このような考え方からです。

「チーム化」は、これまでの「○○部」などの分掌とどのように違うのでしょうか。

従来の分掌は、「○○部」に複数の教員を所属させ、その部のなかで専任の業務を割り当てて処理するというものです。部の所属は複数人いますが、業務の進め方としては「一役一人」に近い形になります。

一方「チーム化」は、一つの業務の担当者を複数人にして、業務の処理方法を共通理解して進めていくやり方です。処理方法を共通理解したあとは、月別、学期別など担当者がやりやすい方法で分担することができますが、いつでも他の担当者がバックアップできることに利点があります。

▼教職員に「チーム化」の利点を伝えて意識改革を図る

「チーム化」をすると、これまでよりも担当する業務が増えますから、教員の意識としては「負担増」となります。そこで、教員の意識改革を図っていく必要があるのです。

「担当する業務は増えるが、学校としての処理する業務の総量は変わらないのだから、担当者が特別な対応をしなくてはならないときにもその処理が進められ、結果として学校の信頼を高められる。一人ひとりの業務処理回数は一役一人と変わらない」などの説明をし、「チーム化」のもつ利点を伝えていく必要があります。

86 ＩＣＴ機器を活用する

職員会議、校内研究会、学年会、分掌会議、職員朝会（職員夕会）、各種研修会など、学校ではさまざまな機会に会議・打ち合わせがあります。教員が教育活動のみに専念できれば、各種の会議も少なくなるでしょうが、現状そうではありません。

政府の「教育の情報化」や文部科学省の「ＩＣＴ推進事業」などが後押しとなり、各地でＩＣＴ機器の導入が進んでいますので、教頭・副校長としてその活用を図り、校内の業務改善に役立てていくことが重要になるでしょう。

▼会議を効率的に進めるためのＩＣＴの活用

「顔を合わせて説明し共通理解を図っていく」という文化は、根強く学校に残っていますが、文書による起案・決済を進めていくことも必要です。「説明してもらっていない」「文書ではよくわからない」などの言い訳は一般企業では通用しません。人を集めることで時間的コストがかかりますし、わかりきったことを確認するために常に会議を開催していてはいくら時間があっても足りません。短い時間で効率的に進めていくにはどうしたらよいかを考える必要があるのです。

すでにいろいろな学校で進められていますが、職員会議の資料をデータとして校務フォルダに保存し、それをもとにペーパーレスの会議を進めることで印刷の手間を減らす取り組みや、職員打ち合わせで伝える内容をデータにして配信するなどがあります。会議の前に資料を読むことができるので、自分の都合のよい時間に内容を確認しておくことができます。

また、資料は会議前に読んでおくことが前提となりますから、大事な点だけの説明で済ませることで時間の短縮にもなります。従来のように会議の際に多量の文書が配付され、それを読む時間で手一杯になるということもなくなります。

▼個人の資質に任せず、教頭・副校長として活用を指示する

教員個人にPCやタブレットがあれば、授業で使う教材やプリントを共有することができ、同じものを何度も作成せずに済みますし、データとして管理しておけば以前のものを活用することで時間の節約にもなります。

ICT機器の活用は、教員個人の資質に任せても学校全体としてはなかなか進みません。ある程度「こうしてください」という強力な指示が必要であり、その指示を行うのは教頭・副校長なのです。単に「使いなさい」というのではなく、「このような効果が生まれる」と示すことで活動が進んでいきますし、業務改善にもつながっていきます。

教育委員会との関わりを改善する

87 教育委員会のもつ情報を活用する

▼教育委員会は学校の味方

学校を変えることに大きな影響をもっているものに、教育委員会の諸施策があります。教育課程の編成は校長の権限であり、さまざまな学校事情をかんがみてその学校らしさを教育課程という形で表そうとしますが、実際に編成作業をしていくなかでは、文部科学省、都道府県教育委員会、市区町村教育委員会のさまざまな教育施策を反映しなくてはなりませんから、完全な学校独自の教育課程を編成できるわけではありません。

日常の業務を進めていくなかでも、毎年同じような調査が来たり、新たな調査依頼が舞い込みてんてこ舞いになったりして、「これがなければもっと別なことができるのに」と思うことも多いでしょう。

対応が必要なことが起きたとき、新しく何かをするときなどは、教育委員会にお伺いを立て、その結果で対応を変えていかなければならなかったという経験もあると思います。

こう考えていくと、学校と教育委員会は対立関係にあるようですが、実際には教育現場と直結している市区町村教育委員会は学校の味方であることが多いのです。

▼「対立ではなく協力」で業務改善につなげる

トラブル対応で、ある事案に対してA校が行った対応とB校が行った対応が異なっているときに、それぞれの学校が「他校では……」と指摘されることがあります。個々の学校間でのネットワークは限られていますが、統括する教育委員会には多くの情報が集まってきますから、「このような共通の対応をするとよい」と考えることができ、それをもとにして大きな差のない対応をしていくことで無駄な事後対応を減らすこともできます。

これは、それぞれの学校の業務改善にもつながっていきます。「対立ではなく協力」が大切なキーワードになります。

88 早めに情報提供をする

学校には、さまざまな要望や期待が寄せられます。前向きな情報は教員の活力になりますが、苦情や過大な期待は教員を疲弊させていく要因です。

近年は、「自分の問題意識は学校全体の問題意識である」「家庭の教育方針に合わせた対応をしてほしい」など誤った認識による過度な要求をしてくる保護者や、「自分の子どもがこう言っているから」と客観的な判断を伴わない一方的な対応要求をしてくる保護者に困っている学校が増えています。

昔の安定した地域コミュニティが残っているところでは、人生経験の豊富な方が適切にアドバイスをし、問題になる前に解決していることがありますが、地域コミュニティの関係が希薄なところでは、問題解決の手段をもたない保護者が即時に学校に問題解決を求めてくるわけです。以前なら頼りになった「お年寄りの知恵」をもたない祖父母が、親と同列になって問題を複雑にしていることもあります。

▼教育委員会が事前に把握していることで、相談者が落ち着く

トラブルへの対応は学校で行うことが基本ですが、問題が発生したときには、その解決に向かう過程で早めに市区町村教育委員会に情報提供をしましょう。

学校内で解決できると判断していたことも、少し停滞すると相談者がすぐに教育委員会に相談を持ち込むことが増えています。教育委員会は、状況がわからないままでは対応ができないので、「学校は教育委員会と問題を共有していないのか。問題を隠蔽するつもりなの

か」と、相談者がよりヒートアップすることにもなりかねません。教育委員会が「学校から報告を受けています。今対応を検討中です」と答えるだけで、相談者が落ち着くということもよくあります。

また、学校が「教育委員会にも伝えてありますので、どのように問題を解決していくか協議をしています」と言えば、「それなら……」と答える相談者も多いものです。相談者が落ち着くということは、問題解決に一歩踏み出したということです。

相談者を落ち着かせることで次の一手を打つことができ、教員の無駄な時間を省くことにつながりますし、学校内の業務改善にもつながっていきます。言い方は悪いですが、「教育委員会を利用する」ことも重要なポイントになります。

89 各種調査を業務改善につなげる

▼必要な調査にはきちんと対応する

「教員の働き方改革」で必ず出てくるものに、「調査が多く、その回答に時間がかかる」というものがあります。確かに、教育活動に直結しない調査の量は多く、「なんで同じ調査を毎年するのか」「同じような内容の調査をいろいろな部署が行い、回答の仕方が違うのでそれぞれに答えなければならない」と思うこともあります。

教育委員会も行政の一つですから縦割り行政と言われる仕事の進め方をしていますので、部署間を越えた情報の共有は十分とは言えません。係や課のパソコンの中にデータが保存され、それが共有されていないので他部署がデータの使い回しをしようとせず、新たな調査が発生するということもあります。議会対応で、至急と言われる調査が頻発することもあります。

各種調査のそれぞれの必要性は今後十分検討していく必要がありますし、「とりあえずデータを集めておこう」という調査は廃止すべきですが、必要なものはきちんとしなければなりません。

▼教員の「仕事の進め方を意識して取り組む力」を育てる

教員の意識として「教育活動」に直接つながらないことは後回しにする傾向があります。調査の回答担当になっても、授業準備に時間がとられ、気がついたら締め切り日になっていたということはよくあります。教員は「教育が専門」ではありますが、組織の一員であり、その組織運営にかかわる業務をしなければなりません。しかし、その意識が十分とは言えないわけです。

「決められたものを決められた期限までに」というのは、社会人としては常識です。忙しいことは理由になりません。一般の会社組織なら、もっと業務改善をせよと言われるでしょう。学校としては、どのような業務改善ができるのかについて、今後検討していく必要があります。

まずできることは、教員が、「調査の期限から逆算して、いつまでに回答原案を作成し、いつまでに起案し、いつまでに決済を受けるか」という仕事の進め方を意識して取り組むことです。それが、組織人として必要な能力を身につけさせていくことになります。

▼「期限の意識」「逆算の意識」の育成の工夫

一人ひとりが「逆算の意識」を身につければ、教育活動にかかわるさまざまな活動も計画的に運営することができるでしょう。教頭・副校長としては、期日を書き入れた確認表を作成して調査を各部署に回すことで、「期限の意識」「逆算の意識」を育成していくための方策にするなど、工夫をすることができます。

「めんどくさい」「無駄が多い」と言われる教育委員会からの調査ですが、活用方法を考えれば、業務改善につなげていくための方法が見えてきます。

教頭・副校長自身の働き方を改革する

教頭・副校長は学校の要であると言われます。学校に来るさまざまな事案への対応の窓口は教頭・副校長ですし、校内の教職員への仕事の割り振りも教頭・副校長を通して行われます。教頭・副校長がいなければ、学校運営が進まないのが現状です。すべての仕事を統括する職ですからやりがいがあると同時に、すべての仕事を抱え込むことで毎日の仕事が苦しくなってしまうこともあります。

▼ＱＯＬ（生活の質）を向上させるための改革

昨今話題になっている「働き方改革」も、労働時間の短縮という面で語られることが多いですが、その根幹は「ＱＯＬ」（クオリティ・オブ・ライフ、生活の質）にかかわるものとして捉えることが重要です。生活の質や人生の満足度をどのようにしたら向上させることができるかという視点で、職務を見直していくことが必要なのです。

単に時間を削ることばかりに躍起になっても、仕事の成果について自分自身が満足できなければ、働き方改革にならないばかりではなく、仕事の質や満足度を下げてしまうことになりかねません。「QOL」を向上させていくために、どのような改革をすべきかについて考えることが重要なのです。

90 期限を守る

▼期限が過ぎると「する仕事」が「やらされる仕事」に変わる

教頭・副校長の手元には、年間を通じて膨大な数の処理すべき案件が回ってきます。ある程度先の期限のものもあれば、翌日には回答をしなくてはならないものまでいろいろです。自分で処理できるものもあれば、分掌の担当者に処理を任せなくてはならないものもあります。しかし、どれにも共通することは「期限」が決まっていることです。

いつでも自分の都合のよいタイミングで処理できるならばさほど苦にならないことでも、同時期の提出を求められる案件が複数あると苦痛の度合いが強くなりますし、処理の質も下がり、結果的に仕事への満足度が低下してやりがいを感じなくなってしまいます。また、期限を過ぎてしまい担当者からの督促の電話がかかってきた場合には、「する仕事」から「やらされる仕事」に変質し、よりつまらない仕事になってしまうことが多いものです。

▼すぐに処理できることを片づけ、じっくり対応するための時間を生み出す

このような悪循環を断ち切る方法は「期限を守る」ことの徹底です。収受した文書で回答が必要なものは「その日のうちに処理」を最大目標に掲げ、収受したそばから回答していけば手元に残る書類は格段に減ります。

多くの教頭・副校長は「そんなことを言っても抱えている案件が多くて手が回らない」と言うでしょう。しかし、そこは発想の転換です。抱えている案件は「抱えている内容」があり、その処理に時間がかかるから抱えざるを得ないため、すぐには解決に向かうことができないのです。

それならば、すぐに処理できることを片づけて、じっくりと対応するための時間を生み出すのが、効率的であると言えます。10分で処理できるものも後回しにすることで、再度文書を読み直す必要が出て、結局処理に20分かかることがあるのです。

「手元に必要な資料がない」ときには、ふせん紙に「○○を探す」と書いて貼り、クリアファイルに入れて脇に置いておけば、処理する段階で何を探せばよいのかがわかりますから、即時処理と変わらない対応ができます。「期限を守る」ことは、自分を忙しくするためではなく、自分を楽にするために行うものと考えましょう。

91 ON・OFFを区別する

日々の仕事を進めていくうちにいつの間にか仕事が溜まってしまい、休日出勤して処理しなくては追いつかないという経験は、多くの教頭・副校長にあるでしょう。「自分はいつもそうなっている」と嘆く方もいらっしゃるのではないでしょうか。

「たくさんの仕事が残っていて、休みの日にやっておかないと次の週の仕事が回らない」というのは日本の学校文化に脈々と息づいた考え方ですが、その強迫観念に近い考え方はそろそろ打破すべき時期のように思います。平日も休日も仕事漬けになっているわけですから、「QOL」も向上しませんし、「働き方改革」にもなりません。

▼土日のどちらかは必ず休む

土日の両日を休みにするのはむずかしいかもしれませんが、「どちらか片方は必ず休む」と決め、そのためにはどのように仕事を進めればよいかの計画を立てることが必要です。

休日に仕事を回さないようにするためには、平日に仕事を詰め込むしかありません。平日の仕事量が増えるわけですから、一つの案件にかける時間は短くしなくてはなりません。どうしたら短い時間で仕上げられるのかを考えることも重要です。

「休日に休む」ことは、仕事の効率化を果たすことと同義です。どうすれば効率的に仕事を進めることができるのかを考えるよい機会でもあります。

▼仕事の総量を把握できる方法とその解決手段を見つける

自分だけで仕事を進めるのであれば計画を立てるのも楽ですが、他の教職員に振った仕事もありますから、そのマネジメントも含めると容易ではありません。

しかし、効率化を図っていかないと、いつまでも同じペースの仕事になってしまいます。「ToDoリスト」「仕分け棚」「ふせん紙」など、自分のやり方にあった仕事量の把握の仕方を考えて、現在の仕事の総量を把握できる方法とその解決手段を見つけていきましょう。

「休日」はしっかりと休日として過ごし、心身ともにリフレッシュして次の週の職務に当たれるようにしたいものです。自分で生み出した休日を、「生活の質の向上」に当てていきましょう。

92 組織を活用する

学校は組織体です。組織として仕事を進めていくことが重要です。

近年、さまざまな地域で主幹教諭や指導教諭が配置され、組織として職務を遂行できる体制ができつつありますが、まだまだ職層ではなく個人の資質や能力に依存している面があります。

▼「仕事を任せて進行管理する」学校へ変える

学校運営のすべてに教頭・副校長が直接関わり、すべての面を把握するという学校体制から、担当する各教員からの「報・連・相」がしっかりと行われる学校体制へと変えていく必要があります。

「仕事を任せて進行管理する」ことは、言葉で言うほど簡単ではありません。そのためには、仕事を進めていくなかでの「報・連・相」がしっかりとできる教員を育成していくことが必要です。

「自分がやった方が早い」と思うこともしばしばでしょうが、そこを我慢して将来の教頭・副校長の働き方改革につなげていけるように、それぞれの教員に関わっていく必要があります。職務内容をきちんと理解し、しっかりとした「報・連・相」のできるよい教員を育成してこそ、本当の意味での「教頭・副校長の働き方改革」につながるのです。

校長との関わりのなかで業務を改善する

働き方改革では「ＱＯＬ」の向上がその根幹であり、職務の満足度を高めていくことが重要です。業務改善も、自分の職務がいかにやりがいのあるものであるのかを意識することから始めていかないと、仕事の絶対量を減らすことばかりに目が向き、仕事の質は高まっていきません。やりがいのない仕事を進めていても充足感が得られませんから、結果として「ＱＯＬ」が向上していかないのです。

学校マネジメントは、校長と教頭・副校長が協力し合って組織として進めていきます。「副校長」という職も、組織マネジメントを進めていくために重要な職の設置という面から各自治体で推進されてきた経緯があります。

実質的には、学校経営は校長が、学校運営は教頭・副校長が中心となり進めているのが一般的でしょう。学校という組織のなかでの最終判断は校長が行いますから、教頭・副校長の業務改善も、校長との関わりのなかで考えていく必要があります。

93 教頭・副校長としての経営方針を立てる

学校経営方針や学校経営計画は、校長が作成するものです。「その年度でどのような方針に沿って教育活動を進めていくのか」「どんな学校にしたいのか（学校像、児童・生徒像、教師像など）」等の学校経営方針は、最終的な責任者である校長が作成し、学校の全職員が協力してその実現に向けて努力していきます。教頭は「校長を助け、校務を整理し、必要に応じ児童の教育をつかさどる」こと、副校長は「校長を助け、命を受けて校務をつかさどる」ことが職務ですので、当然ですが校長の掲げる学校経営方針の実現に向けて努力していかなければなりません。

しかし、教頭・副校長の役目は校長のイエスマンとして仕事を進めることではなく、経営方針の実現のために、教育課程の実施の進行管理を適正に進めていくことです。今の学校にあるさまざまな教育資源をどのように有効活用するかを考えていくことが必要です。

▼教頭・副校長の視点からの細かな具体策の集積を分類・整理する

施設面、予算面、人材面、環境面など、考えるための切り口は多種多様です。教頭・副校長が中心となって進める学校運営の視点で見ると、「○○を使って△△をしたら□□ができるのではないか」「△△と□□をつなげたら○○の効果が生まれるのではないか」など、具体的に考えることができるでしょう。

これら一つひとつは、細かい具体策かもしれませんが、その集積は教頭・副校長が考える学校経営方針にほかなりません。全部並べたら数百項目になることもあるでしょうが、それらを分類・整理していくと、その学校なりの傾向が見えてきます。

▼改善のための解決手段を、校長と共に考える

「あることがすんなりと実施できた」という場合には、目標とすべきことのハードルが低かったか、「人・物・金」が順調に使われて機能していたということです。低いハードルならば、次はもっと高いハードル設定をしてもよいことになりますし、教育資源が適正に使われていたならば、組織として好ましい状態にあることの証です。

逆に、「あることの実施に予想以上に時間がかかった」「結果として十分な状態ではなかった」「うまくいかなかったので次年度に回した」という場合には、目標とすることのハードルが高すぎたか、「人・物・金」のどこかに阻害する要因があったということになります。いずれにしても、改善のために手を打つ必要があります。何をどのようにしたらよいのか悩みながらも、解決手段を校長と一緒に考えていく必要があります。

▼自分自身が考える経営方針をもつことで校長を補佐する

いろいろな事柄を具体的な解決策を通して検討し、細かい事象を集約していくと、現在の学校の長所と短所が見えてきます。ある程度集約されたものは、校長が作成する学校経営方針作成のための「原石」です。それをもとに、長所をより伸ばすために目標を掲げるのか、短所を改善するために目標を掲げるのかは、経営方針作成の意図にもよりますが、将来自分が一校を任されたときの目標設定の視点としてもきっと役立つでしょう。そして、その「原石」を校長に情報提供することで、校長の経営方針の作成に関与することもできます。

学校として2つの経営方針は必要ありません。しかし、教頭・副校長として自分自身が考える経営方針をもつことはたいへん重要であり、その内容を「報・連・相」しておくことは、校長を補佐することにもなります。

94 幹部職員と連携する

各学校には、中心となって活躍している幹部職員がいるはずです。幹部職員と管理職との定期的な打ち合わせ会をもっている学校も多いと思います。教頭・副校長の業務改善は、幹部職員との連携をいかに図っていくかにかかっています。

▼幹部職員の経営方針への理解が業務改善につながる

教頭・副校長の処理する業務量が多く、改善が必要と言われて久しいですが、児童・生徒の指導の最前線を統括するのは幹部職員です。その幹部職員が、校長や教頭・副校長のめざすことをしっかりと理解して、実際の現場をまとめて実施することが学校改革になり、学校全体の業務改善につながります。

一つの仕事を一人で抱え込むと、業務遂行の効率は落ちます。複数で分担すれば短時間で仕上がりますが、采配がしっかりしていないと点検業務が増えて逆に負担増になります。ですから、学校の業務改善は、幹部職員がいかに管理職の意向を理解して、それを適切に分担することができるかで違ってきます。

▼校長・幹部職員との連携を密にし、校内の情報の流れを一元化する

いろいろと分担をしたけれど、結局、教頭・副校長が最終点検をしなくてはならないとなれば、教頭・副校長の業務改善にはならず、逆に仕事を増やすだけになってしまいます。

それぞれの幹部職員が受け持つ範囲を明らかにして、どのようなことを求めているのか、どのような成果が必要なのかをきちんと伝えていくことが重要です。そのためには、幹部職員と管理職との定期的な打ち合わせ会を、効率的に進めていく必要があります。

日々の予定や業務の確認と、経営方針の実現に向けた対応の進行管理を同時に行っていると、重要な項目とルーチンワークとの差がわかりにくくなります。打ち合わせ会の司会進行は教頭・副校長が行った方が効率的に進められます。もちろん、事前に校長と打ち合わせをしておき、話題とすべきことについても確認をしておいた方がよいでしょう。

校長との関わりを密にもち、全体の進行管理を行うようにすることで、校内の情報の流れを一元化し、自分自身の業務改善になるように働きかけていきましょう。

教職員との円滑なコミュニケーションをとる

95 仕事の進め方をつかむ

教職員一人ひとりは、それぞれ仕事の進め方があります。解決すべき課題に遭遇した際に、「じっくりと課題に向き合うタイプ」「とりあえず動いて何とかしようとするタイプ」と大きく2つに分けることもできますし、「いろいろと情報収集をして、よりよい対応を考えるタイプ」「自分の考えに従って相談をしないで進めるタイプ」と分けることもできます。

▼教職員の人となりを理解し、活用する方策をもつ

それぞれのやり方には利点も欠点もありますから、必ずしもこれが正解というものはありませんが、仕事を管理する教頭・副校長としては、自分が自身のやり方やペースに合った方法を是とする傾向があることを十分理解する必要があります。

自分がじっくり型であるならば、猪突猛進型の対応はその行動が危うく感じられますし、自分が率先垂範型であれば、熟慮型の対応はスピード感が感じられず対応の遅れが気になります。

しかし、猪突猛進型は熟慮型にはすぐには変われませんし、その逆も同じです。また、変わろうとしても手順や考え方が違いますから、意外なところでミスをすることがあります。

大切なのは、教頭・副校長のやり方に教職員を合わせるのではなく、その人となりをよく理解して、その人を活用するための方策をもつということです。

猪突猛進型であれば、そのスピード感には優位性がありますから、すぐに対応すべき仕事を多く与え、その達成の早さを褒める材料にしてコミュニケーションをとるようにするとよいでしょう。熟慮型は幅広い内容を検討することに優位性がありますから、時間がかかっても多くの観点で検討すべき仕事を多く与え、遺漏ない対応を褒める材料にしてコミュニケーションをとることが重要です。

▼進行管理をしっかり行い、成功体験をコミュニケーションの材料とする

もちろん、学校運営の視点で考えると、早すぎても雑な対応や、十分検討されていても時機を逸した対応は困りますので、その点での進行管理はしっかりとしなくてはなりません。また、必要に応じてタイプを組み合わせたチームでの対応をさせることも必要です。

重要なことは、失敗経験ではなく、成功体験を教職員とのコミュニケーションの材料とすることです。嫌なことを話題にして話をしてもなかなか心に浸透していきませんが、よいことはその人の自信につながり、話も弾みます。

「8褒め2貶す」ということを念頭に、一人ひとりの教職員のタイプに合った話の仕方や仕事のさせ方を考えることが、良好なコミュニケーションを行うためには必要です。

96 自分の得意な世界を充実させる

▼今現在、自身が成長していること、楽しんでいることを話題にする

当たり前の話ですが、教頭・副校長も一人の人間ですから、得手不得手があります。何かをしたり考えたりするときも、得手であることについては細かく考えることができますが、不得手なことについては十分な考えが浮かんでこないこともあります。

オールマイティをめざすことも大切ですが、教職員とのコミュニケーションを図るうえでは、「しっかりとした自分の世界」をもっていることも武器になります。「○○教頭（副校長）先生は△△が得意だ。□□には詳しい」という認識が教職員に広がれば、そのことを話題として日常の会話も充実してきますし、他の教職員から別な話題を引き出しやすくなり、会話の機会も増えてきます。

ここで大切なのは、「昔○○だった」という過去の話ではなく、「今○○をしている」という現在形の話をすることです。スポーツに限らず、さまざまな趣味の視点で今現在も自身が成長をしているという話題が大切です。

▼教育的な価値や仕事の進め方をさりげなく織り込む

鉄道に乗るのが趣味ならば、休みの日を使って鉄道に乗り、そこでの見聞を話題にして教職員とコミュニケーションをとるのも一つの方法です。単に自分の趣味を披露するのではなく、その話題のなかに教育的な価値や仕事の進め方を上手に織り込んでいくことも忘れてはいけませんが、そこを強調しすぎないようにする話術も必要です。

時刻表が好きならば話題のなかにグラフの読み方の指導をさりげなく盛り込んだり、ペーパークラフトならば刃物の安全な扱い方や留意点を盛り込んだり、美術館巡りが好きならば教室内の掲示方法についての配慮点を盛り込んだりとさまざまな活用が考えられます。話題をつくるために無理やり何かに打ち込むのではなく、自分の趣味の世界を起点として幅広く考えていこうとすることが、豊かなコミュニケーションにつながっていきます。

教頭・副校長になって仕事が忙しくなり趣味の世界から遠ざかっているようならば、趣味の世界を広げることも仕事の一つと割り切って、精一杯楽しみましょう。

97 多くの本を読む

▼教頭・副校長としての情報収集の機会を増やす

「読書が趣味」という方も多いと思いますが、「多くの本を読む」というのは読書とは趣が異なります。教頭・副校長としての情報収集の機会を増やすということです。ですから、時代小説、推理小説、紀行文、エッセイ、教育書、雑誌などさまざまなジャンルの本で、自分自身の知識を蓄えるために読む必要があります。最近話題の要約本などは、手軽に長編小説の概略を知ることもできますが、やはり本物に触れることが重要です。

本は保管するのに場所をとりますから、教頭・副校長仲間で本を交換するなどしてもよいかもしれません。趣味ではなく雑学として読むわけですから、同じ情報を共有することで、それぞれの学校での教職員の指導に生かせる面や情報交換の際に生かせる内容も生まれてくるでしょう。

▼得た知識を教職員とのコミュニケーションに活用する

本から得た知識は、ただ貯めておくだけでは仕方ないので、教職員に「紹介する」「おもしろい一節を伝える」などをしながら活用していくことが必要です。

歴史にかかわって「○○という見方もあるよ」、理科にかかわって「○○という発見があったらしい」などの話題を提供して、教職員とのコミュニケーションの手段として活用することができます。

相手が知っていればその話題を深めることができますし、知らなければそれをきっかけにして話をつないでいき、その教職員の見方や考え方をつかむことができます。

たくさんの本に触れ自分自身を豊かにしていくことが、よりよいコミュニケーションの一助になります。

おわりに

本著で紹介したさまざまな方策は、全国公立学校教頭会（全公教）で役員や顧問を努めた12年間に全国の多くの教頭・副校長先生、顧問の校長先生方との関わりの中でご示唆をいただいた内容が数多く含まれています。どなたもが管理職としての激務をこなしながら全公教の会議に積極的に参加されていましたが、情報交換の中では少しでも現任校を改善していきたいという熱い思いを感じることができました。全国各地の教頭・副校長先生方も、同じように学校を改善していきたいという強い思いで学校運営を行っていることと思います。

教頭・副校長は「学校の要」と言われますが、要であるからこそ関わる仕事も多く、その内容は多岐にわたっています。そのような仕事を、笑顔でこなしていけるようにするためにも「改善」をしていかなくてはなりません。職場の教員が笑顔で教育活動に関われるようにしていきたいという信念があるからこそ、要の役を果たしていこうと全力で取り組むことができるのだと思います。

教頭・副校長は学校運営の専門職であり、その仕事をうまく回していくことは教頭・副校長としての醍醐味です。しかしながら最近では、臨時的任用教員が見つからず、やむを得ず学級担任をしている教頭・副校長先生が多いという実情があります。学級担任もしつつ学校運営も行っていくというのは、超人技と言っても言い過ぎではないような気がします。そのような状況でも前向きに職務に取り組む姿に頭が下がります。

お一人お一人が職務を遂行していくためのやりやすい方法をお持ちでしょう。得手・不得手があるでしょうが、なんらかの課題解決や問題解決のために最短・最善の方法を選択して進めていこうとなさっているのだと思います。そのような場面で、本著が、こんな方法もあったのか、このように考えればよいのかという本著をお読みいただいた方ご自身の問題解決・課題解決のためのヒントになれば幸いです。そのことが、これまで私に多くの示唆をいただいた方々への恩返しになると思うからです。

最後になりましたが、『月刊　教職研修』での3年間の連載を支えてくださった教育開発研究所の得重亜紀子様、本著の書籍化にご尽力くださいました桜田雅美様、編集部の皆様に厚く御礼申し上げます。

余郷　和敏

■著者紹介■

余郷　和敏（よごう・かずとし）

東京都大田区立矢口小学校長／全国公立学校教頭会顧問

東京都公立小学校教諭、東京学芸大学附属竹早小学校教諭、中央区立阪本小学校副校長、同明石小学校長、同佃島小学校長を経て現在大田区立矢口小学校長。平成19・20年度全国公立学校教頭会総務部長、全国公立学校教頭会顧問。平成19年度文部科学省学校現場の負担軽減プロジェクトチーム委員。平成23～26年度全国連合小学校長会広報部速報委員。

働き方が変わる！
できる教頭・副校長の仕事のワザ97

2019年3月20日　第1刷発行
2021年3月1日　第2刷発行
2023年2月1日　第3刷発行

著者　余郷 和敏
発行者　福山 孝弘
発行所　株式会社 教育開発研究所
〒113-0033　東京都文京区本郷2-15-13
TEL 03-3815-7041 ／ FAX 03-3816-2488
https://www.kyouiku-kaihatu.co.jp
表紙デザイン　長沼 直子
表紙イラスト　Shutterstock.com
印刷・製本　中央精版印刷株式会社

ISBN978-4-86560-508-2　C3037